음악은 어떻게
우리의 감정을
자극하는가

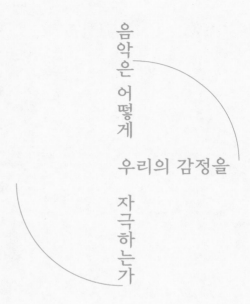

음악은 어떻게 우리의 감정을 자극하는가

노래로 알아보는 마음의 작동 방식

박진우 지음

인물과
사상사

● 일러두기

1. 외래어 인명과 지명 등은 국립국어원 외래어표기법에 따랐다.
2. 단행본·잡지는 『   』, 시는 「   」, 노래·영화·TV 프로그램은 〈   〉
   로 표기했다.
3. 국내에 번역된 작품(도서)은 번역된 제목을 따랐고, 국내에 번역되
   지 않은 작품은 원서 제목을 병기하고 우리말로 번역해 표기했다.
4. QR코드를 스캔하면 본문에 수록된 노래들을 감상할 수 있다.

○.

누구에게나

　　　　인생 노래가 있다

여러분의 인생 노래는 무엇인가? 그 노래는 어떻게 여러분의 인생 노래가 되었나? 어떤 노래가 인생 노래가 되려면 '네 박자'가 잘 맞아떨어져야 한다.

　첫 번째는 결정적 시기다. 타이태닉호의 생존자라면, 배가 침몰하기 직전까지 연주되었다는 〈Nearer my God to thee〉을 평생 잊지 못할 것이다. 남들이 하지 못한 특별한 경험을 했고, 그 순간에 어떤 음악을 만났다면 그 음악은 잊지 못할 노래로 남는다.

　하지만 이 같은 아주 특별한 경험이 없는 대부

분의 사람이 인생 노래를 만나는 결정적 시기는 엇비슷하다. 그러니까 응원하는 프로야구팀이 결정되는 시기도, 정치적 성향이 확립되는 시기도, 그리고 인생 노래가 각인되는 시기도 정해져 있는 것이다.

대부분의 남성이 응원하는 프로야구팀이 결정되는 시기는 어린 시절이다. 남자아이들은 초등학교 저학년 때 좋아하기 시작한 프로야구팀을 평생 동안 변하지 않고 응원한다. 그리고 그렇게 될 확률은 응원하는 팀이 바뀔 확률에 비해 무려 여덟 배나 높다. 반대로 여성들은 20대 초반에 만난 프로야구팀의 팬이 되는 경우가 많았으며, 이후 오랜 세월 동안 그 팀을 응원했다.

정치적 견해가 형성되는 결정적 시기는 유권자로서 권리를 행사하는 시기, 즉 투표권이 생길 때다. 정치적 성향은 투표권을 가지게 되었을 때의 '각인효과imprinting effect'가 가장 중요하다. 예를 들어 1941년에 태어난 미국인들은 투표권이 생길 시기에 당시 가장 지지율이 높았던 공화당 출신의 드와이트 D. 아이젠하워Dwight D. Eisenhower 대통령을 경험했다. 그래서인지 공화당을 지지 정당으로 정해 평생 잘 바꾸지 않았다. 1941년생 공화당 지지자는 비슷한 다른 연령대에 비해 10퍼센트가량 높았다. 그 반면에 1952년생들은 투표권을 획득할 당시에 가장 인기 있었던 존 F. 케네디John F. Kennedy 대통령을 만나 민주당 지지자가 되었다. 1952년생들이 민주당을 지지하는 비율은 비슷한 연령대에 비해 7퍼센트 더 높았다.

그렇다면 인생 노래가 결정되는 시기는 언제일까? 아마 최고의 시기를 빛나게 해준 순간이었거나 반대로 최악의 순간에 위로받았던 노래일 가능성이 높다. 그럼 인생의 최고와 최악의 시기는 대략 언제쯤일까? 유독 좋은 일과 나쁜 일을 함께 겪는 시기가 있다. 사람들은 굴곡의 세월을 이도 저도 아닌 그저 그런 평탄했던 시기보다 더 많이, 더 오래 기억한다. 그리고 그러한 새로운 변화를 많이 경험하는 시기는 대략 10대 후반에서 20대 초반이다. 사람들은 이 시기에 만난 노래를 인생 노래로 기억한다. 따라서 인생 노래는 그 나이대에 만났을, 혹은 만나게 될 가능성이 가장 높다.

두 번째는 결정적 시기에 만난 결정적 관계가 인생 노래를 탄생시킨다. 결정적 관계는 가족, 친구, 선후배, 짝사랑하는 상대, 연인 등 다양하다. 음악은 진화심리학에서 볼 때 사회적 상황에서 상호 결속력을 강화해준다. 올림픽 시상대에서 애국가가 울려 퍼질 때 마음이 뭉클해지는 것도, 광장에 모여 〈오 필승 코리아〉를 떼창하며 응원할 때도, '으샤으샤' 하며 함께 리듬과 합을 맞춰 일할 때도, 학교에서는 교가로, 군대에서는 군가로, 사람들은 노래를 부르면서 '함께하는 느낌'을 더 크게 높인다.

그리고 음악과 언어 활동을 관장하는 뇌신경 영역은 서로 매우 밀접하게 연결되어 있다. 그래서 엄마의 자장가는 아이의 정서적 안정을 길러주고, 부모와 자식 간의 유대를 강화하며, 아이의 언어기능을 발달시켜준다. 이처럼 인간에게 음악은 사회적 맥락을 떼놓고 생각할 수 없으므로, 인생 노래 역시 이러한 사회적 맥락에서 생겨났을 가능성이 높다. 그 결과 인생 노래는 항상 누군가를 생각나게 한다.

세 번째는 의도적이든 그렇지 않든 가장 자주 듣는 것이다. 이유가 어찌되었든 뇌는 가장 처음 좋아하게 된 노래를 계속 찾아 듣도록 유도한다. 뇌과학적 관점에서 보면, 좋아하는 음악을 들을 때와 좋아하지 않는 음악을 들을 때 뇌의 반응 패턴은 전혀 다르다. 음악치료의 창시자인 토론토대학교University of Toronto 음악대학 마이클 타웃Michael Thaut 교수는 초기 치매 환자에게 좋아하는 음악을 3주 동안 하루 한 시간씩 들려주었다. 그러자 의사결정, 행동 조절, 계획 수립을 담당하는 뇌의 전전두엽피질이 활성화된다는 사실을 발견했다. 좋아하지 않는 음악을 들었을 때는 뇌에 아무런 변화가 없었지만, 좋아하는 음악을 들으면 불안과 공포 같은 부정적 감정을 담당하는 편도체의 기능이 완화되었으며, 이성적이고 합리적으로 생각하도록 만들었다.

인간의 뇌는 기본적으로 불쾌한 상태에서 벗어날 수 있는 자극에 잘 반응하도록 설계되어 있다. 그래서 결정적 시기에 결정적 관계를 통해 좋아하게 된 노래가 있다면, 그 노래가 아주 멀리서 희미하게 들리거나 그저 스쳐 들리기만 해도 뇌는 모든 신경을 그 노래에 집중한다. 남들은 듣기 힘든 희미한 사운드나 비트를 듣고 "이거 내 노래야"라고 말할 수 있는 것도 바로 이 때문이다.

좋아하는 음악을 들었을 때 또 다른 장점은 부교감신경계를 활성화하는 호르몬이 분비되면서 혈압이 낮아지고 마음이 안정화된다는 것이다. 그래서 화가 나거나 불안하고 초조할 때, 좋아하는 음악을 듣는 것만으로도 마음이 한결 나아질 수 있다. 게다가 인생 노래를 듣는 것에 그치지 않고 부르거나 악기로 연주한다면 우울한 마음을 치유하는 효과도 누릴 수 있다. 사람들은 자신이 좋아하는 음악을 부르고 연주할 때, 불안이나 우울 수준은 낮아지고 일상적 행복 수준은 높아졌다.

마지막은 노랫말이다. 오랜 세월 시와 노래는 하나였다. 인류의 조상들에게 시는 노래하듯 읊는 맛이었다. 눈으로만 읽는 시는 없었다. 노래가 된 시는 언제나 인간의 삶에 가까이하며 기쁨을 나누고 슬픔을 위로했다. 그러다 시와 노래가 분리된 뒤 시는 언어에만, 노래는 리듬에만 더 치중한 독립된 장르가 되었다. 하지만 여전히 노랫말에는 시가 지닌 철학, 꿈, 희망, 그리고 치유와 위로의 힘이 있다. 그래서 시적인 노랫말은 어느 순간 마음에 꽂혀 인생 노래가 된다.

심리학의 눈으로 깊이 들여다보고 곱씹으면 좋은 노랫말이 있다. 각자가 좋아하는 노래 자체는 저마다의 취향일 수 있지만, 노랫말을 통해 배우는 심리학은 시를 통해 느끼는 보편적 깨달음일 수 있다. 이 책을 쓰면서 노랫말을 흥얼거리며 리듬을 타니 좋았다. 여러분도 가볍게 몸을 흔들며, 흥얼거리며 이 책을 즐길 수 있으면 좋겠다.

그럼 지금부터 심리학자의 눈으로 본 노랫말 이야기를 따라가보자.

PART 2
건강한 관계를 위한 사랑의 방정식

PART 3
___

세상과 소통하는 방법

___

"음악은 감정을 속기하는 기술이다."

- 레프 톨스토이Lev Tolstoi

PART 1

나를 알아가는
마음의 지도
그리는 법

○.

비교는 '만족'이 아니라
'후회'를 낳는다

사회적 동물인 인간은 늘 '비교'라는 프레임에 갇힌
채 살아갈 수밖에 없다. 부러움은 비교라는 사회적 맥
락에서 발생하는 감정인데, 상대가 갖고 있는 것을 자
신은 갖지 못했을 때 생기는 불쾌한 감정이다. 더 나은
지위와 자원을 가지려는 욕망을 지닌 인간은 자신보다
더 많이 가진 대상에게 부러움이라는 감정을 자연스럽
게 품는다.

부러움에는 긍정과 부정의 효과가 혼재되어 있
다. 부러워하는 대상과 같아지려고 더 많은 노력을 기

울인다는 긍정적인 측면도 있지만, 사회적 '상향 비교 upward comparison' 과정에서 자기 자신에 대한 평가가 저하된다는 측면에서는 부정적이다. 한마디로 부러움은 자신이 원하는 것이 무엇인지 분명하게 하고 이를 달성하기 위한 동기를 불러일으키지만, 치명적이게도 자존감을 떨어지게 만드는 감정이다.

SNS의 발달은 더 많은 부러움을 하루하루 더 크게 양산해내고 있다. 현대인들은 스스로 이루지 못한 것, 심지어 이룰 생각조차 없었던 무언가가 페이스북, 인스타그램, 트위터 같은 SNS에 여과 없이 노출되면서 굳이 느끼지 않아도 될 부러움까지 끌어안고 살고 있는 것이다. 'SNS 사용 시간에 따른 행복감과 자존감 감소' 같은 연구 주제는 이제 더 이상 놀라운 일도 아니다.

최근 연구에 따르면 페이스북과 같은 SNS는 오히려 사람들을 더 외롭게 만든다. 사람들은 페이스북 친구가 많을수록 외로움을 덜 느꼈지만, 문제는 사용 시간이었다. 페이스북에 머물러 있는 시간이 길수록 사람들은 더 외로워했다. SNS에 잠깐씩 접속해 온라인 상의 친구들을 만나는 것만으로도 어느 정도 외로움을 달랠 수 있지만, 그곳에서 오래 탐닉하는 것은 더 불행해지고 외로워지는 나쁜 습관이다. 과거에는 주변 친구나 이웃 정도만이 비교 대상이었지만, SNS로 인해 지금은 전 세계 사람들이 비교 대상이 되었다. 인간의 마음은 비교의 빈도가 늘수록 자존감이 떨어지는 속도가 더 빨라지는 구조로 설계되어 있다. 결국 외로움이 싫어 온라인에서 사람들을 만나지만, 자기 조절을 못한다면 부러움과 외로움에 불행까지 더한 상처만 커질 뿐이다. 여기서 자기 조절의 핵심은 비교를 멈추고 '나 자신 그 자체'에 집중하는 능력이다.

그런데 자기 조절은 마음 훈련이 충분하지 못한 사람에게는 정말 어려운 일이다. 그래서 심리학자들은 자기 조절을 힘들어하는 사람들에게 페이스북을 끊을 것을 추천한다. 덴마크 코펜하겐대학교University of Copenhagen 사회학과 모르텐 트롬홀트Morten Tromholt 교수는 한 연구에서 페이스북을 쓰지 않은 집단의 삶의 만족도가 더 높아졌으며, 일상에서 긍정 정서 경험도 더 늘어났음을 밝혀낸 바 있다. 그러니 실험 결과만 보면 페이스북을 끊는 것이 맞지만, SNS가 가진 장점을 취하면서 자기 조절을 하는 것이 더 낫다고 나는 생각한다. 〈부럽지가 않어〉의 장기하처럼 말이다.

장기하는 "세상에는 말이야 부러움이란 거를 모르는 놈도 있거든 그게 누구냐면 바로 나야"라고 노래하며 자신에 집중하는 모습을 보인다. 장기하는 스스로를 '부러움을 모르는 놈'이라고 규정하며 자신의 정체성을 선언하는 현명한 모습을 노래에 담았다.

심리학에서는 행동에 대한 강화보다 성품 혹은 정체성에 대한 강화의 효과가 더 크다고 주장한다. 토론토대학교 심리학과 조안 그루섹Joan Grusec 교수 등이 진행한 실험을 살펴보자. 아이들에게 친구들과 함께 유리구슬을 갖고 놀게 한 뒤 한 집단의 아이들에게는 "친구에게 구슬을 나누어주다니 참 착하구나"라고 행동에 대한 칭찬을 했고, 다른 집단의 아이들에게는 "너는 남을 돕는 친절한 아이구나"라며 성품을 칭찬

했다. 성품을 칭찬받았던 아이들은 2주 뒤에도 행동에 대해 칭찬을 받았던 아이들에 비해 다른 아이들을 더 많이 돕고 더 너그러운 행동을 보였다.

성인들도 마찬가지다. 텍사스대학교 오스틴캠퍼스University of Texas at Austin 크리스토퍼 브라이언 Christopher Bryan 교수는 "부정행위를 하지 마세요"라고 행위를 언급하는 대신에 "부정행위자가 되지 마세요"라고 정체성에 대해 언급할 때 효과가 더 크다는 사실을 밝혀낸 바 있다. 부정행위를 하지 말라는 것은 수험생에게 단발성의 행동을 제재하기 때문에 결과의 논리로 판단하는 사람이 생긴다. 즉, 걸리지만 않으면 부정행위를 해도 괜찮다고 생각할 수 있다. 그러나 부정행위자라는 단어는 자신의 정체성을 규정하는 것이기 때문에 모든 부정행위를 바람직하지 않은 것으로 인식하게 만든다.

그런데 사람들이 가장 부러워하는 것은 무엇일까? 그리고 비교적 바람직한 부러움은 무엇일까? 대상이 지닌 품성, 재능, 사회적 지위, 막대한 재산 등 세상에는 부러워할 것이 많다. 품성을 부러워한다면 자신도 그러한 품성을 갖추기 위해 인격 도야에 힘쓸 것이기 때문에 바람직한 상태가 될 것은 분명하다. 그러나 사회적 상향 비교는 자존감이 깎이는 상황을 만들기 때문에 자기 파괴적이다. 부러움을 넘어 상대가 가진 것이 없어지기를 바라는 마음인 질투심으로 나아가면 자신과 상대를 더 불행하게 만드는 감정으로 악화된다. 자신의 불행을 타인에 대한 적개심과 공격성으로 해소하려 드는 것이다. 이러한 파괴적인 정서는 건강한 사회적 삶을 앗아간다. 사람들은 질투심을 느끼면 애먼 공격성으로 자존감을 지키려 든다. 장기하 역시 〈부럽지가 않어〉에서 이러한 감정의 악순환에 대해 "부러우니까 자랑을 하고 자랑을 하니까 부러워지고 부러우니까 자랑을 하고 자랑을 하니까 부러워지고"라며 노래하고 있다.

사실, 페이스북에 글을 올리지 않고 주로 다른 사람의 글에 '좋아요'만 누르는 수동적 사용자 그룹이 자신도 글을 올리며 적극적으로 '자랑질'을 하는 능동적 사용자 그룹에 비해 더 큰 자존감 저하를 가져오는 것으로 볼 때, 부러우니까 자랑질을 하는 것은 그냥 부러워만 하는 것보다는 낫다. 그렇다고 능동적 사용자 그룹이 페이스북 사용으로 삶의 만족도가 크게 높다는 증거도 없다. 그저 수동적 사용자 그룹보다 낫다는 것이다. 분명한 것은 상호 질투심을 유발하기 위해 SNS를 활용하는 것이 최악이라는 점이다.

무엇보다 질투심의 가장 큰 문제는 공격의 대상이 질투심을 느낀 대상에 머물러 있지 않다는 데 있다. 부러움이나 시기심을 느낀 사람들은 도움이 필요한 사람을 돕기는커녕 일면식도 없는 사람의 성공을 적극 방해하기도 한다. 노스캐롤라이나대학교University of North Carolina 심리학과 안나 마리아 벨러Anna Maria Behler 교수는 실험 참가자들을 두 집단으로 나눈 뒤 한 집단에게는 부러움이나 시기심을 느꼈던 경험을 떠올리게 하고 다른 집단에게는 일상적 경험을 떠올리게 했다. 부러움을 느꼈던 집단은 자신의 눈앞에서 필통 속의 물건을 쏟은 사람을 돕지 않았다.

벨러 교수는 또 다른 실험에서 일부 참가자들에게 탱그램tangram 문제를 내는 출제자 역할을 담당하게 했는데, 부러움을 떠올린 집단은 다른 사람이 쉽게 성공할 수 없도록 난도가 높은 문제를 출제하는 경향이 강했다. 실험 결과가 증명하듯이 사람들은 부러움을 느끼면 다른 사람의 성공을 응원하는 것이 아니라 성공하지 못하도록 최선을 다한다.

그렇다면 부러움이 질투심으로 번지지 않게 하는 묘약 같은 것은 없는 것일까? 사실, 벨러 교수의 실험군에는 다른 집단이 하나 더 있었다. 바로 감사 집단이었다. 자신에게 일어난 일을 감사하게 여긴 이 집단은 질투심의 파괴적 유혹에서 벗어나 곤경에 처한 사람들을 도왔으며, 일면식도 없는 사람들의 성공을 지지했다.

이러한 태도도 일종의 '헬퍼스 하이helper's high'라고 할 수 있다. 미국의 내과의사 앨런 룩스Allan Luks가 명명한 이 개념은 타인을 도와주는 과정에서 생겨나는 신체적·정서적 포만감을 말한다. 실제로 다른 사람을 도왔을 때 혈압과 콜레스테롤 수치가 현저히 낮아지고 엔도르핀이 정상치의 세 배 이상 분비되었다. 인간은 결국 다른 사람을 도우며 더불어 살 때 행복함을 느끼는 사회적 존재인 것이다.

그러니 장기하가 〈부럽지가 않어〉에서 자기 자신을 다른 사람을 부러워하지 않는 사람이라고 선언하는 것도 심리학적으로 의미 있는 행동이지만, 한발 더 나아가 자신에게 일어난 일을 감사해하고 다른 사람을 돕는다면 자신의 가치를 더욱 높일 수 있을 것이다.

선택지가 많을수록
피곤해지는 이유

개인적으로 트와이스의 〈YES or YES〉를 들으면 생각나는 장면이 있다. 2004년 KBS에서 방영한 〈미안하다 사랑한다〉에서 남자 주인공이 여자 주인공에게 했던 대사다. 여자가 "차 세워줘요. [안 세워주면] 창문 열고 뛰어내린다"고 하자, 남자는 "밥 먹을래 나랑 뽀뽀할래?" "밥 먹을래 나랑 잘래?" "밥 먹을래 나랑 살래?" "밥 먹을래 나랑 같이 죽을래?"라며 응대했다. 지금 다시 보면 데이트 폭력에 가깝지만, 이 대사는 아직까지도 많은 '미사 마니아'들이 꼽는 최고의 명대사다.

이 드라마 대사와 〈YES or YES〉 노랫말에는 공통점이 있다. 바로 응답 대안을 두 가지로 제시하는 '이분형 질문dichotomous questions'이라는 점이다. 이분형 질문은 둘 중 하나를 선택하게 만드는 질문법으로, 주로 질문자가 주도권을 쥐고자 할 때 쓰는 방법이다.

이분형 질문의 형태는 크게 '개방형 질문'과 '폐쇄형 질문'으로 나눌 수 있다. 개방형 질문은 선택할 수 있는 응답 대안이 없어 응답자가 자유롭게 답할 수 있는 것이고, 폐쇄형 질문은 응답할 항목을 응답자에게 제시한 뒤 선택하게 하는 것이다. 크게 보면 이분형 질문도 폐쇄형 질문에 속하지만, 다소 차이가 있다.

이분형 질문과 폐쇄형 질문의 차이를 확인하기 전에 개방형 질문과 폐쇄형 질문의 장단점을 먼저 알아보자. 개방형 질문은 응답자의 자율을 보장하기 때문에 다양한 답을 얻을 수 있다는 장점이 있지만, 응답자스스로 답을 생각해내는 것은 결코 쉬운 일이 아니다. 답을 생각하기까지 시간과 노력이 필요하고 그 과정에서 적잖이 스트레스를 받는다. 그래서 폐쇄형 질문에서는 오히려 이 점이 장점으로 작용한다. 폐쇄형 질문은 응답자가 크게 고민하지 않아도 답할 수 있도록 돕는다. 하지만 폐쇄형 질문에도 단점이 있다. 바로 답변 항목에 이미 질문자의 의도가 녹아 있다는 것이다.

그런데 이분형 질문은 분명 폐쇄형 질문임에도 답하는 사람에게는 선택권이 보장된 것 같은 착각을 일으키게 만든다. 예를 들어 회사 임원과 함께 간 중식집에서 임원이 "나는 짜장면이 좋아요. 다들 그렇죠?"라고 폐쇄형으로 물으면, 이 질문에는 질문자의 의도가 명백하게 느껴지기 때문에 "아니요"라고 답하기 어렵다. 이처럼 폐쇄형 질문을 받으면 응답자는 자율권을 박탈당한 듯한 느낌을 받는다. 하지만 "짜장면 먹을래요? 짬뽕 먹을래요?"라고 물으면, 이 질문에 둘 중 하나를 선택하라는 질문자의 의도가 깔려 있음에도, 답변하는 사람은 스스로 선택한 것 같은 착각을 일으키기 쉽다. 게다가 "먹고 싶은 게 뭐예요?"라고 묻는 개방형 질문에 비해 답하기도 편하다. 특히 중식집에서 자신의 선호가 분명하지 않고, 중식 요리에 관한 지식과 경험이 부족할 때 더 그렇다.

따라서 이분형 질문의 속성은 폐쇄형 질문이지만, 겉보기에는 개방형 질문의 장점을 흉내 낸 질문법이라 할 수 있다. 그래서 노련한 부모나 판매원, 협상가는 이분형 질문을 선호한다. "언제 숙제할래?"라는 개방형 질문에 곧바로 답하는 아이들은 흔치 않다. 그렇다고 "저녁 먹기 전에 숙제 끝낼 거지?"라고 묻는 것은 아이들의 자율성을 박탈하는 지시적 형태다. 이때는 "오늘 숙제는 밥 먹기 전에 할래, 아니면 밥 먹고 나서 할래?"라는 이분형 질문법을 활용하는 편이 좋다. 구내식당에 메뉴가 한 가지밖에 없는 폐쇄형이나 외부 식당에서 매번 메뉴를 선택해야 하는 개방형보다 구내식당 메뉴가 둘 중 하나를 선택하는 이분형일 때 이용객들의 만족감이 높아지는 것도 같은 원리다. 실제로 구내식당의 메뉴를 하나에서 두 개로 늘리면 사람들의 이용률은 크게 높아진다.

이분형 질문은 특히 '결정 피로decision fatigue'를 느낄 때 효과적이다. 사람들은 스스로 생각할 수 있는 인지적 가용 자원이 충분할 때는 개방형 질문에 답할 수 있지만, 그렇지 못할 때는 다른 사람에게 결정을 떠넘긴다. 업무 스트레스가 심한 날은 퇴근한 뒤 음식을 준비하는 것도 고역이다. 음식을 만드는 과정도 힘들지만, 무엇을 먹을지 선택하는 것도 그 못지않게 힘들기 때문이다. 그러다 보니 자연스럽게 배달 음식을 떠올리기 마련이고, 고객의 데이터가 축적된 배달앱은 고객이 앱에 접속하자마자 추천 메뉴를 띄워준다.

　　결정 피로는 샌디에이고주립대학교San Diego State University 심리학과 진 트웽이Jean Twenge 교수가 결혼 준비를 하면서 생각해낸 개념이다. 미국에서는 예비부부가 신혼 생활에 필요한 물품 리스트를 작성해 지인들에게 알려주는 관습이 있다. 이 리스트를 작성하는 과정에서 예비부부는 적잖은 스트레스를 경험한다. 트웽이 교수는 웨딩 플래너와 리스트에 올릴 품목을 고민하다 문득 '무언가를 결정하는 것이 심리적 에너지를 고갈시키고 의지력을 약화시키는 것이 아닐까?' 하는 연구 주제를 떠올렸다.

트웽이 교수는 실험을 위해 테니스공, 양초, 티셔츠, 껌, 콜라 캔 등 여러 물건을 올려둔 탁자를 준비했다. 그리고 학생들을 두 그룹을 나눈 뒤 결정 그룹에 속한 학생들에게는 임의로 제시된 두 개의 물건 중 하나를 선택하게 했고, 비결정 그룹의 학생들에게는 각각의 물건을 보고 의견이나 최근의 사용 경험을 말하도록 했다. 그러고 나서 학생들이 아주 차갑거나 뜨거운 물속에서 어느 정도 버틸 수 있는지를 측정했다. 실험 결과 결정 그룹이 비결정 그룹보다 훨씬 빨리 손을 뺐다. 사소한 것이라 할지라도 결정을 거듭해야 하면 심리적 에너지를 소진하기 쉽기 때문이다.

매일 아침에 옷을 고르는 일도 결정 피로를 유발한다. 따라서 똑같은 옷을 계속 입는다면 결정 피로에 지칠 위험을 줄일 수 있다. 스티브 잡스Steve Jobs, 마크 저커버그Mark Zuckerberg의 트레이드마크는 터틀넥 또는 회색 티셔츠에 청바지다. 알베르트 아인슈타인Albert Einstein은 회색 정장만 입었고, 버락 오바마Barack Obama는 네이비색 정장을 즐겨 입었다. 이들은 사소한 결정을 하느라 에너지가 소모되면 중요한 의사결정을 하기 어렵다는 사실을 직관적으로 알았던 사람들이라 할 수 있다.

트와이스의 〈YES or YES〉는 이분형 질문에서 한 단계 더 나간다. 'Yes or No'가 아니라 'Yes or Yes'로 이분형 질문의 탈을 쓴 완벽한 폐쇄형 질문을 던지기 때문이다. 그렇다면 분명 폐쇄형 질문인데, 상대방에게 선택의 기회를 주는 것처럼 느끼게 하려면 언제가 좋을까?

상대방이 이미 다른 결정으로 에너지가 소진된 상태거나, 다른 일로 스트레스가 커 질문에 집중하기 어려운 상태일 때를 노리면 된다. 그런데 결정을 뒤로 미룰 만큼 에너지가 완전히 소진된 상태는 안 된다. 또한 결정 에너지가 충만한 오전에도 금물이다. 그렇다고 에너지가 완전히 소진된 밤늦은 시간 혹은 새벽 시간도 부적절하다. 달콤한 음료나 간식으로 에너지를 잠시나마 보충한 상태일 때가 최적이라고 할 수 있다. 이때에는 상대방이 'Yes or Yes'를 이끌어내는 질문에 대한 답을 자신의 자발적 선택이라고 착각하기 딱 좋다. 그래서 프러포즈는 일이 끝난 후 저녁 시간에 음식과 함께하는 것이 최상이다.

그런데 〈YES or YES〉에서 화자는 상대방에게 선명하게 마음을 보여달라고 요구한다. 하지만 이는 폐쇄형 질문으로는 알아내기 어렵다. 대답이 명확한 'Yes'라 할지라도 그 사람의 마음을 알 수 있는 것은 아니기 때문이다. 이때는 개방형 질문이 필수적이다.

IBM리서치의 비플라브 스리바스타바Biplav Srivastava를 비롯한 그의 동료들은 정보를 제대로 파악하는 데 폐쇄형과 개방형 질문의 다양한 조합 중 어떤 질문 패턴이 효과적인지 조사한 바 있다. 이들은 두 질문을 번갈아 하면 더 적은 질문으로도 필요한 정보를 얻을 수 있다는 사실을 알아냈다. 이를테면 "자기, 나 사랑해?"(폐쇄형), "얼마나 사랑해?"(개방형)의 질문법이 대표적이다. 구태의연하지만 두 질문을 섞는 패턴으로 상대의 마음을 좀더 정확히 알 수 있다. 다만 이 방법은 응답자가 질문에 협조적이면서 질문에 답하는 과정에 만족감을 느낄 때에만 효과적이다.

응답자가 질문에 협조적이지 않거나 응답하는 과정이 만족스럽지 못하다면 개방형 질문의 장점을 충분히 살릴 수 없다. 따라서 〈YES or YES〉의 화자가 상대의 선명한 마음을 알고 싶다면, 상대가 이분형 질문에 답하는 장면을 관찰해야 한다. 상대가 답하며 만족스러워한다면 곧바로 그 마음이 어떤 마음인지 개방형 질문을 던져도 좋다. 하지만 마지못해 답하는 것이 느껴진다면 다른 폐쇄형 질문을 준비하거나 질문을 다음으로 미루는 것이 현명하다. 한마디로 연애를 잘하려면 상대방의 컨디션에 따른 질문 스킬이 필수적이다.

♫ 트와이스 | YES or YES

불안은
불확실성에서 나온다

2021년에 JTBC의 〈비긴 어게인〉이라는 프로그램을
본 적이 있다. 그때 가수 이무진이 관객들에게 자작곡
〈신호등〉을 처음 소개하면서 했던 말이 종종 생각난
다. 당시 그는 "제가 처음 겪는 사회에서 저에게 주는
여러 가지 잣대가 있어요. '너 이렇게 해' '너 이렇게 하
지 마'. 그중에 저는 '너 알아서 해'라는 말이, 나는 아
직 경험이 없고 준비되지 않은 사람인데 '알아서 해'
는 나한테 너무 힘든 것 같다는 생각이 든 찰나 신호등
이 보였어요. 처음 운전하는 분들이 노란불을 보면 많

이 당황한다고 들었거든요. 그래서 거기에 비유해서 노래를 만들어봤어요"라며 말을 이어갔다.

　　사회 초년생인 20대 초반 이무진에게 가장 힘들었던 것은 '하지 말라'는 빨간불도, '이렇게 하라'는 파란불도 아니었다. '알아서 하라'는 노란불이었다. 어떻게 해야 할지 알 수 없는 노란불은 순식간에 머릿속을 샛노랗게 만든다. 그것도 3초라는 짧은 시간 만에.

　　그렇다면 사람들은 왜 노란불을 보면 당황해할까? 신호등의 빨간불과 파란불은 명확하지만 노란불은 모호하다. 그리고 인간의 마음은 모호함을 싫어하고 기피하도록 설계되어 있다. 간단한 실험을 해보자.

　　눈앞에 커다란 바구니 두 개가 놓여 있다고 가정해보자. A 바구니에는 빨간 공이 50개, 검은 공이 50개 들어 있고, B 바구니에는 빨간색과 검은색, 두 색깔의 공이 100개가 들어 있는데 그 비율은 알 수 없다. B 바구니에는 검은 공이 1개에서 99개까지 무작위로 담겨 있다. 그리고 두 바구니 가운데 하나를 선택해 검은 공을 꺼내면 상금으로 100달러를 받을 수 있다. 어느 쪽을 선택하겠는가?

그럼 두 번째 문제를 풀어보자. 이번에는 빨간 공을 꺼내면 100달러를 받을 수 있다. 어느 쪽을 선택하겠는가?

흥미로운 사실은 두 게임 모두에서 대부분의 사람이 비율이 이미 알려진 A 바구니를 선호한다는 것이다. 하지만 이 같은 선택은 모순이다. 검은 공을 꺼내기 위해 A 바구니를 택했다면, B 바구니는 검은 공의 비율이 50퍼센트가 안 된다고 가정했다는 의미다. 즉, B 바구니에 빨간 공이 더 많다고 생각했다면 두 번째 문제에서는 B 바구니를 택하는 것이 합리적이다. 그럼에도 사람들은 본능적으로 B 바구니를 피한다. 왜 그럴까?

미지에 대한 공포, 모호성에 대한 기피 성향이 마음속에 깊이 자리 잡고 있기 때문이다. 인간은 비록 논리적이지 못한 선택이라 할지라도 불확실한 것보다는 확실한 것을 좋아한다. 이처럼 확실성을 좋아하고 모호함을 지나치게 기피하는 현상을 '엘스버그 역설Ellsberg Paradox'이라고 부른다. 하버드대학교Harvard

University 경제학과 대니얼 엘스버그Daniel Ellsberg 교수가 1961년 박사학위논문에서 이 개념을 처음 소개했기 때문에 그의 이름에서 따왔다.

사람들은 선택을 해야 할 때, 불확실성을 회피하기 위해 자신이 세운 논리적 체계를 무너뜨리는 역설적 선택을 한다. 역설적임을 깨닫고 나서도 그 선택을 고집하는 경우도 흔하다. 우리 사회의 기성세대들은 자신들의 행동이 역설적 선택인 것도 깨닫지 못한 채 아무런 문제의식 없이 세상을 살아가고 있다. 〈신호등〉에서 "건반처럼 생긴 도로 위 수많은 동그라미"는 노란불의 불확실성과 역설에 적응하며 살지만, 안타깝게도 이무진 같은 현실의 사회 초년생들은 그렇지 못하다.

그렇다면 모호한 상태에서는 어떻게 행동하는 것이 가장 바람직할까? 나는 2018년에 세상을 떠난 스탠퍼드대학교Stanford University 심리학과 월터 미셸Walter Mischel 교수가 1970년에 진행한 '마시멜로 실험'이 좋은 방향성을 제시할 수 있다고 생각한다.

마시멜로 실험을 간단히 소개하자면, 먼저 실험 대상자들은 스탠퍼드대학교 내 유치원에 다니고 있던 653명의 아이들이었다. 아이들은 한 명씩 차례대로 마시멜로와 벨이 놓인 작은 책상이 있는 방에 초대되었다. 연구팀은 방에 들어온 아이에게 마시멜로를 먹고 싶으면, 벨을 누른 뒤 마시멜로 하나를 먹으면 된다고 알려주었다. 그리고 15분 동안 먹지 않고 기다리면 마시멜로 하나를 더 주겠다고 한 뒤 방에서 나갔다. 그런 다음 아이들이 고등학교를 졸업할 때까지 14년간의 변화를 추적 관찰했다.

마시멜로 실험 결과는 널리 알려진 것처럼 어린 시절에 잘 참고 자기 자신을 통제했던 아이들이 그렇지 않았던 아이들에 비해 성공적인 인생을 살고 있었다. 좀더 구체적으로 살펴보면 자기통제를 했던 아이들은 그렇지 않은 아이들보다 미국의 대학 입학 자격시험인 SAT 점수가 높았고, 취업한 뒤에도 직업적 성취도가 더 우수했으며, 리더십, 문제해결력, 계획 수행 능력 등의 분야에서 모두 탁월한 모습을 보였다. 눈앞의 마시멜로 한 개에 넘어가지 않고 두 개를 기다릴 수 있는 능력, 즉 '만족지연능력delayed gratification'이 인생의 성공을 예측하는 가장 중요한 요인이라는 것이 이 실험의 결론이었다.

만족지연능력은 자제력이나 참을성과는 다르다. 왜냐하면 마시멜로를 먹지 않고 기다렸던 아이들은 노래를 부르거나, 춤을 추거나, 딴청을 피우거나, 낮잠을 자는 등 다른 행위를 통해 효과적으로 주의를 돌렸기 때문에 단순히 참을성이 강해서라고 단정 지을 수 없다. 따라서 만족지연능력은 자제력, 목표 지향성, 그리고 회피 전략을 포괄한 개념이라 할 수 있다.

2011년, 미셸 교수는 40대가 된 그때 그 아이들을 다시 불러 이들의 차이점을 뇌과학적으로 규명했다. 두 집단 간의 뇌는 구조적으로 달랐을까? 비교 관찰 결과 자기통제를 했던 사람들의 뇌에서 그렇지 않았던 사람들의 뇌에서는 볼 수 없었던 부분이 발견되었다. 바로 욕망을 억누르는 전전두엽의 특정 뇌 부분이 더 발달되어 있었다.

모호함을 벗어나 확실한 상태에 있고 싶어 하는 것은 인간의 본능이다. 그렇다고 본능에 따라 눈앞에 확실한 마시멜로 하나를 취하는 것은 장기적으로 바람직한 행동이 아니다. 〈신호등〉에서 "운전대를 못 잡던" 어린 시절에는 모호함을 마주할 기회가 없어서 좋았을 수 있지만, 모호함을 무조건 회피하는 것이 인생의 답이 될 수는 없다. 기다림에 대한 보상이 충분하다면 현재의 모호함을 감내할 수 있는 역량과 지혜를 길러야 한다.

그렇다고 해서 나는 이무진으로 대표되는 젊은 사회 초년생들에게 모호함을 견디라는 말로 이 글을 마무리하고 싶지 않다. 마시멜로 실험 뒤에는 또 다른 반전이 기다리고 있기 때문이다.

2013년 로체스터대학교University of Rochester 뇌인지과학과 리처드 애슬린Richard Aslin 교수 팀은 미셸 교수의 실험에 착안해 마시멜로 후속 실험을 진행했고 그 과정에서 한 가지 사실을 알아냈다. 마시멜로를 먹은 아이들 중 일부는 만족지연능력이 낮아서가 아니라, 연구팀의 말을 의심했기 때문이라는 것이었다. 그 당시 연구팀이 마시멜로 실험 직전에 아이들에게 신뢰를 잃을 만한 행동을 했기 때문에 아이들이 눈앞에 있는 마시멜로 한 개를 재빨리 취했다고 말이다. 연구팀의 말을 믿었던 아이들은 평균 12분 2초를 버텼지만, 그렇지 않은 아이들은 평균 3분 2초를 버텼다. 한마디로 불안정한 환경이 문제였던 것이다.

최신 연구도 비슷한 결론을 내놓았다. 2022년 캘리포니아대학교 데이비스캠퍼스University of California, Davis 심리학과 유코 무나카타Yuko Munakata 연구팀은 만족지연능력이 대상에 따라 달라질 수 있음을 밝혀냈다. 미국 아이들은 음식보다 선물에서 만족지연능력이 높았고, 일본 아이들은 반대의 결과가 나왔다. 무나카타 교수는 일본은 음식을 기다리는 문화에 익숙한 반면, 미국은 선물 상자를 여는 것을 기다리는 문화에 익숙하기 때문이라고 설명했다. 즉, 자라온 환경에 따라 만족지연능력은 얼마든지 달리 나타날 수 있다는 것이다.

그러니 모호한 상태에서 당장의 욕구를 충족시키거나 본능에 따라 움직이는 것보다 기다려야 더 큰 보상이 주어진다는 말은 믿을 만한 어른들(연구팀)이 있을 때 가능하다. 그런 어른들이 없다면 무작정 기다리는 것은 결코 좋은 답이 될 수 없다. 당장 눈앞에 있는 마시멜로를 '먹는 것이 남는 것'이고, 영어 속담처럼 '손안에 든 새 한 마리가 수풀 속의 두 마리보다 분명 나을 것A bird in the hand is worth two in the bush'이기 때문이다.

〈신호등〉에 등장한 "새빨간 얼굴로 화를 냈던 친구"와 "새파랗게 겁에 질려 도망간 친구"는 단순히 노란불의 모호함을 견디기 어려웠던 것이 아니라, 그걸 견딜 만한 환경에서 성장하지 못하고 신호등이라는 사회시스템을 만든 어른들을 충분히 신뢰하지 못했기 때문일 수 있다. 〈신호등〉은 사회 초년생의 혼란을 노래했지만, 그 이면에는 기성세대들이 만든 역설적 시스템과 이를 불신하는 젊은 세대의 구조적 불안이 깔려 있는 듯하다. 그래서 이 노래가 마냥 즐겁게만

들리지 않고, 그들을 생각하면 미안하고 부끄러웠다.

〈신호등〉을 들으면서, 나는 내 세 아이가 떠올랐다. 이 아이들도 혼란스러운 세상을 살면서 어른들을 믿지 못할 텐데, 과연 어떻게 행동하라고 말하는 것이 바람직할까? 마시멜로 실험의 지혜를 믿고, 주의를 다른 데로 돌려서라도 기다리고 버티라고 말하는 것이 옳은 것인지 솔직히 나도 잘 모르겠다.

하지만 위안이 되는 것은 노래가 끝나갈 때쯤 "삼색 조명과 이색 칠 위에 서 있어 괴롭히지 마"라고 자신의 의사를 분명히 표현한 부분이다. 기존 시스템이 모호하고 믿지 못하겠다면 자신의 생각을 명확히 밝히고 전달하는 것이 무엇보다 중요하기 때문이다. 지금 당장 세상을 바꿀 수 있는 역량이 부족하더라도, 세상의 모든 변화는 목소리를 내는 것부터가 시작점이다.

♫ 이무진 | 신호등

○.

괴로움이 엄습할 때
　　　나타나는 방어기제

아이유의 〈라일락〉은 내가 좋아하는 노래들 중 하나
다. 하지만 좋아하는 마음과 별개로 이별이 기쁘고 달
콤한 일이라 할 수 있는지 종종 의문이 든다. 라일락
꽃잎이 날리고 하늘과 바람이 완벽한 날이라고 이별이
달콤할 리 없다. 다시 만날 것을 약속한 이별조차도 매
우 슬픈 법이다. 그렇다면 이별이 달콤하고 기쁜 일이
라는 〈라일락〉의 노랫말을 어떻게 이해해야 할까?

　　이 노래를 처음 들었을 때 나는 이형기 시인의 「낙
화」가 떠올랐다. 시인도 아이유처럼 꽃이 지는 풍경에

서 이별을 축복이라고 표현했다. 문학평론가들은 「낙화」를 역설과 비유로 설명한다. 이별이 축복이라는 모순적 표현을 써서 이별이 가진 중요한 의미를 강조하고 있고, 떨어지는 꽃을 인간의 삶에 비유해 꽃이 진 뒤 열매를 맺듯 이별의 아픔을 통해 한 단계 성숙해진 모습을 그려낸 것이라고 말이다. 나는 아이유의 〈라일락〉도 이러한 역설과 비유가 있는 한 편의 시라고 생각한다. 시적 표현으로 '라일락'은 "나보기가 역겨워 가신 님"의 "떠나는 길에 진달래꽃을 뿌리는 마음"일 수 있고, "님은 갔지만 나는 보내지 아니하였"다고 "떠날 때 다시 만날 것을 믿"는다고 노래하는 것일 수도 있다. 어쨌든 나는 〈라일락〉이 문학, 특히 현대시의 정수를 아우른 것 같다는 생각이 들었다.

그런데 만약 시적역설과 비유가 아니라 진짜 이별을 달콤하게 받아들인 것이라면, 그리고 마음이 이별을 달콤하게 받아들임으로써 얻는 심리적 이점이 있다면 어떨까? 지금부터 문학적 관점이 아니라, 심리학적 관점에서 〈라일락〉을 들여다보자.

사람들은 불행한 일을 당했을 때, 어이없고 허탈

할 때 웃음이 터져 나오기도 한다. 도저히 웃을 수 없는 상황임에도 터져 나오는 헛웃음이 분명히 있다. 실수를 저지르고 사과하는 자리에서 나도 모르게 입꼬리가 올라가 당황한 기억이 한 번쯤은 있지 않은가? 왜 마음은 실제 경험하는 정서와 전혀 상반된 반응을 보일까?

심리학에서는 이를 '이형적 표현dimorphous expressions'이라고 한다. 원래 'dimorphous'는 '동종이형同種異形'이라는 뜻으로, 암끝검은표범나비와 딱새같이 같은 종인데 암컷과 수컷의 생김새가 다른 생물을 일컫는 생물학적 표현이다. 심리학에서 이형적 표현을 조금 쉽게 설명하면 청개구리처럼 현재 경험하는 생각과 느낌을 정반대로 표현하는 것을 말한다.

흥미로운 사실은 사람들은 이형적 표현을 의외로 자연스럽게 받아들인다는 점이다. 예를 들어 올림픽 시상대에 오르는 영광과 환희의 순간에 눈물을 흘리는 국가대표를 보면서 슬퍼서 운다고 생각하는 사람은 없을 것이다. 또한 가수 조성모에게 초록색 트라우마를 안겨준 초록매실 광고의 "널 깨물어주고 싶어"라는 멘트 역시 대표적인 이형적 표현이다. 사람들은 귀엽고 사랑스러운 대상을 만나면 소리를 지르거나 꽉 껴안고 깨무는 등의 공격적인 반응을 보이기도 한다.

　　이와 관련해 이형적 표현 연구 분야에서 독보적인 위치를 차지하는 신시내티대학교University of Cincinnati 심리학과 오리아나 아라곤Oriana Aragón 교수는 예일대학교Yale University 재직 당시 동료들과 함께 『심리과학 Psychological Science』 저널에 논문을 발표했는데, 그 연구 내용은 다음과 같다.

　　연구팀은 실험 참가자들에게 여러 사진을 보여주고 각 사진에 대한 반응을 살폈다. 참가자들은 귀여운 사진일수록 더 폭력적인 감정을 느꼈다고 응답했다. 이와 함께 아라곤 교수는 세계 여러 문화권에 사랑스러운 대상에 대해 정반대의 공격적인 표현이 존재한다는 사실을 언급했다. 예를 들어 우리말의 '깨물어주고 싶다'와 똑같은 표현인 베트남어 'Yêu quá, anh muốn cắn một cái'라든가 체코어 'muchlovat', 프랑스어 'Mignon à croquer', 이탈리아어 'Lo mangerei',

인도네시아어 'gemas', 영어 'eat you up' 등이다.

물론 긍정 정서를 경험하면서 공격성을 드러내는 것처럼, 부정 정서를 경험하면서 정반대의 긍정적인 표현을 하는 경우도 있다. 앞서 이야기했듯이 너무 화가 나는 데 허탈해서 웃는다거나 민망하고 미안한 상황에서 웃음이 새어 나오는 경우가 그렇다.

그렇다면 왜 사람들은 이형적 표현을 하는 것일까? 그리고 이형적 표현에 담긴 심리적 기제는 무엇일까?

진화심리학적 관점에서 보면 인간은 자신과 가족을 지키기 위해 두 가지 상반된 감정이 동시에 필요했다. 태어난 지 얼마 안 된 아기를 보면 귀엽다는 감정이 듦과 동시에 지켜야 하는 보호본능이 일어야 한다. 귀엽다는 감정은 아기를 소중히 여기고 보살피려는 돌봄 행동을 유발할 것이고, 보호본능은 외부의 공격으로부터 맞서 싸울 태세를 준비하게 할 것이다. 즉 인류의 조상은 귀엽고 사랑스러운 감정이 들 때, 공격적 감정도 함께 유발되어야 아기를 온전히 지킬 수 있었다.

인간이 이형적 표현을 하는 또 다른 이유는 호메오스타시스homeostasis, 즉 항상성 때문이다. 살아 있는 생명체는 생존에 필요한 안정적 상태를 항상 능동적으로 유지하려고 한다. 인간은 신체적 균형이 무너지려는 순간, 균형을 잡아주는 항상성이라는 자동조절장치 덕에 환경 변화에 적응하며 살아갈 수 있는 것이다. 이를테면 추울 때 온몸이 떨리는 이유는 체온을 유지하기 위한 것이고, 면역력이 떨어지면 코와 입을 자극해 콧물이나 재채기를 유도함으로써 이물질이 유입되는 것을 막으려 한다.

인간은 신체적으로도 항상성을 추구하지만, 심리적으로도 항상성을 추구한다. 그래서 심리적인 균형 상태를 유지하기 위해 긍정적 정서 경험에 부정적 표현을, 부정적 정서 경험에 긍정적 표현을 한다. 따라서 만약 심리적 균형 상태가 급격히 무너졌다면 이형적 표현을 통해 항상성을 유지하고자 하는 욕구가 크게 일 것이다. 예를 들어 같은 긍정 결과라도 예측 가능했다면 기쁨의 함성을 지르겠지만, 예측하기 어려운 뜻밖의 상황이었다면 눈물을 흘릴 가능성이 크다. 후자의 상황에서는 평정심을 잃기 쉬우므로 원래의 안정된 심리 상태로 되돌아가기 위해 정반대의 표현이 나올 것이기 때문이다.

그런데 사람마다 항상성을 유지하는 방식에 차이가 있다. 긍정 정서를 경험하는 상황에서 부정적 표현을 할 때 사람에 따라 강하거나 약한 정도가 있는 것이다. 좋은 일에 부정적 에너지 수준이 높은 공격성을 표현하는 사람도 있고 부정적 에너지 수준이 낮은 눈물을 흘리는 사람도 있다.

여러분이 9박 10일 하와이 초호화 럭셔리 리조트에 당첨되었다면 어떤 느낌일 것 같은가? 너무 기뻐서 "아싸" 하고 소리를 지르는 사람도 있고 눈물을 흘리는 사람도 있을 것이다. 전자와 같은 행동은 활동적인 에너지를 상징하는 반면, 후자는 감정 에너지가 소모되어 쉬고 싶은 욕구가 든다. 아라곤 교수의 다른 실험을 보면 소리를 지른 그룹은 리조트에서 활동적인 프로그램을 선호했지만, 눈물을 흘린 그룹은 조용히 휴식을 취하는 프로그램을 선호했다.

그러니 앞으로는 이 관점에서 올림픽, 월드컵 등 국제경기 시상식을 눈여겨보고 선수들의 행보를 살펴보자. 시상대에서 수상의 기쁨을 마음껏 표현한 선수는 귀국 후 여러 매체에 출연하는 등 다양한 활동에 적극적이겠지만, 눈물을 흘린 선수는 외부 활동을 자제하고 조용히 휴식을 취할 것이다.

다시 아이유의 노래로 돌아가면 〈라일락〉의 화자는 이별의 순간에 콧노래를 부르며 완벽하게 아름다운 결별을 만끽한다. 게다가 이 순간이 또 하필이면 아이유의 또 다른 노래인 〈좋은 날〉의 노랫말과 같은 날씨까지 완벽한 날이다. 그런데 좋은 날에 헤어지는 것은 더 비참하다. 좋은 날씨와 완벽한 바람, 그리고 라일락 꽃향기를 맡으며 이별을 예상하기 어렵기 때문이다. 그러니 〈라일락〉의 화자는 이별을 통보받는 순간 심리적 균형 상태가 순식간에 무너졌을 것이다. 그런 의미에서 이별이 기쁘고 달콤하다는 노랫말은 예측

하기 힘든 갑작스러운 이별의 순간에 심리적 항상성을

유지하기 위한 방어기제가 작동한 것은 아닐까.

♬ 아이유
라일락

♬ 아이유
좋은 날

물리적 시간과
심리적 시간의 간극

슬픔을 느낄수록 왜 시간이 빠르게 가는 것처럼 느껴질까? 사람들은 언제, 어떤 상황에서 시간이 빠르게 간다고 느낄까? 그동안의 연구 결과에 따르면 사람들은 나이가 들수록 시간이 빠르게 흘러간다고 느꼈다. 이러한 현상을 프랑스의 철학자 폴 자네Paul Janet는 '시간수축효과time compression effect'라 명명했다. 자네에 의하면 10세는 1년을 인생의 10분의 1로, 50세는 50분의 1로, 70세는 70분의 1이라 생각한다고 한다. 왜 이런 현상이 나타나는 것일까?

체내의 생리작용은 일종의 생체시계 역할을 한다. 세포 표피의 상처가 치유되는 속도도 나이에 따라 다르다. 그래서 상처 치유 속도로 환자의 나이를 예측하는 것은 의학계에서 어려운 일이 아니다. 치유되는 시간이 길다는 것은 생체시계가 느리게 작동한다는 의미다. 생리현상을 주관하는 생체시계는 나이가 들수록 느려지기 때문에 삶의 속도도, 실제 행동도 느려진다. 은행 창구나 패스트푸드점에서 노인들의 행동이 유독 굼뜨다고 느꼈다면 안타깝지만 착각이 아니라 과학적으로 그렇다.

미국 노던애리조나대학교Northern Arizona University 심리학과 피터 맹건Peter Mangan 교수는 생체시계의 특성을 활용한 실험을 진행한 바 있다. 연령별로 3분이라는 시간의 속도를 어떻게 인식하는지 측정한 것이다. 초나 분과 같은 시간의 단위 개념이 형성되고 시간의 흐름을 추정하는 능력은 나이와 함께 발달하며 20세 전후에 절정에 다다른다. 이 나이대의 사람들은 시계를 보지 않고도 시간의 흐름을 비교적 정확하게 가늠한다.

이러한 능력은 20세 이후 감소하기 시작해 70세 정도가 되면 다시 어린아이 수준으로 떨어진다.

맹건 교수는 실험에 참가한 사람들을 나이에 따라 19~24세, 45~50세, 60~70세의 세 그룹으로 나눈 뒤 1초씩 세는 방식으로 3분이 되었다고 느껴지면 신호를 보내도록 했다. 실험 결과 19~24세 집단은 3분의 길이를 대부분 정확하게 맞혔다. 오차는 겨우 3초에 불과했다. 반면 45~50세 집단은 평균 3분 16초에, 60~70세 집단은 평균 3분 40초에 신호를 보냈다.

실제 시간의 흐름을 느리게 인식하는 것이 왜 시간을 빠르게 느끼는 건지 직관적으로 이해하기 어려울 수 있는데 이렇게 생각하면 쉽다. 만약 정확히 3분이 되었을 때 알람이 울렸다면 젊은 사람들은 쉽게 받아들이지만, 나이가 많을수록 '벌써 3분이 지났다고?'라며 놀라워할 것이다. 만일 60대 이상이라면 3분 알람이 울렸을 때 최소 40초 이상을 더 기다려야 3분일 것이라 예상했기 때문이다. 따라서 시간을 길게 추정하는 사람들의 시간의 흐름은 더 빠른 법이다.

나이가 아닌 다른 생리적 문제로 생체시계가 느려졌다 해도 역시 시간을 빠르게 느낄 수 있다. 병에 걸려 체온이 상승하면 생체시계가 느려진다. 그래서 감기나 독감에 걸려 고열에 시달리면 하루가 빠르게 지나가는 것처럼 느껴진다. 반대로 추운 날에는 항상성을 유지하기 위해 호흡, 맥박, 혈압, 호르몬 분비 등 생체시계가 빨라져 시간의 흐름을 상대적으로 느리게 느낀다. 실제로 영국 요크대학교University of York 심리학과 앨런 배들리Alan Baddeley 교수가 실험에 참가한 사람들을 영상 4도의 추운 바닷물 속에서 헤엄치게 했는데, 사람들은 물 밖에 있을 때보다 물속에 있을 때 시간의 흐름을 더디게 인식했다.

게다가 인간은 주의력을 많이 쓰는 시간을 더 길게 느낀다. 예를 들어 번지점프를 직접 할 때와 구경할 때 모두 물리적인 시간은 같음에도 체감 시간의 길이는 다르다. 한 실험에서 참가자들에게 45미터 높이에서 아래 그물망으로 떨어질 때 걸리는 시간을 추정해보라고 했을 때 참가자들은 실제 시간보다 36퍼센트 더 길게 인식했다. 높이에 대한 두려움으로 주의력이라는 자원을 더 쓸 수밖에 없는 상황이다 보니 시간을 길게 인식했던 것이다. 따라서 목숨이 위태로운 찰나의 순간에 주마등처럼 스쳐가는 기억은 영화나 드라마 속의 상상이 아니라 누구에게나 일어날 수 있는 일이다.

새로운 경험을 할 때는 의식적, 무의식적으로 주의 자원을 많이 활용하지만, 익숙한 경험을 할 때는 주의 자원을 많이 쓰지 않아도 된다. 예를 들어 한 번도 가본 적 없는 목적지로 운전해서 갈 때는 주의 자원을 많이 쓰기 때문에 가는 길이 길게 느껴지지만, 돌아올 때는 상대적으로 주의 자원을 덜 쓰기 때문에 가깝게 느껴진다. 또한 초등학교에 갓 입학한 8세 아이에게 1년은 새로운 경험으로 가득하겠지만, 똑같은 1년이 80세 노인에게는 하루하루가 단조로운 생활을 반복하는 것이라면 노인의 시간은 화살처럼 날아갈 것이다.

과거를 회상할 때도 기억할 거리가 많은 시기는 상대적으로 길게 느껴지지만, 기억할 게 별로 없는 시기는 빠르게 느낀다. 듀크대학교Duke University 심리학과 로버트 슈라우프Robert Schrauf 교수와 데이비드 루빈David Rubin 교수는 55세의 실험 참가자들에게 인생에서 가장 생생하게 남아 있는 기억을 떠올려보라고 했다. 흥미롭게도 그들의 기억은 15~25세 사이에 집중되어 있었다. 심리학에서는 이 시기를 '회고 절정reminiscence bump'이라 부른다.

이 시기에 사람들은 자신의 정체성을 확립하고 신체·정신적 변화를 가장 많이 겪으므로 기억이 생생하다. 그뿐만 아니라 공부를 계속하기로 결정하거나, 취업을 하거나, 사랑에 빠지고 결혼을 하는 등 인생의 중요한 사건들이 이 시기에 집중되어 있기 때문이기도 하다. 여하튼 나이가 들수록 기억에 남는 특별한 일이 줄어드는 것도 시간이 빠르게 흘러간다고 느끼는 이유 중 하나다.

그런 의미에서 브라운 아이즈가 중년이나 노년의 사랑을 노래했다면 '벌써 일년'이라고 제목을 붙인 이유가 단박에 이해되겠지만, 이 노래가 수록된 앨범의 재킷이나 뮤직비디오, 그 당시의 브라운 아이즈의 나이를 고려하면 이 노래는 분명 청춘의 뜨거운 사랑과 아픈 이별을 대변하기에 의아해진다. 이 노래를 심리학적으로 어떻게 해석해야 할까?

우선 노랫말의 주인공이 사랑에 빠졌던 시기는 그의 인생에서 가장 길었던 시기로 인식할 것이다. 좋은 기억이든 그렇지 않든 강렬한 느낌을 선사해준 기억은 오랫동안 생생하게 기억되기 때문이다. 그 기억들은 마치 슬로우모션처럼 아주 천천히, 그리고 거미줄처럼 정교하고 촘촘하게 기억되기 때문에 오랫동안 지속한 것처럼 느껴진다.

그렇다면 이별 후의 시간들은 어떻게 인식될까? 아무 일도 하지 않고 떠나간 연인을 그리워만 했다면 매일매일이 지겹도록 길게 느껴졌을 것이다. 독일의 심리학자 에른스트 모이만Ernst Meumann은 1894년에 아무 소리도 들리지 않았을 때의 시간이 시계의 똑딱 소리로 가득 찬 시간에 비해 길게 느껴진다는 사실을 발견했다. 사람들은 감각적 자극이 없는 조용한 시간을

'그 당시에는' 상대적으로 길게 느낀다. 아무런 자극이 없는 독방에 갇힌 죄수의 하루를 생각해보라. 죽을 만큼 지겨울 것이다.

    '그 당시에는'이란 표현을 쓴 이유는 사람들이 시간을 추정할 때 최초로 경험하는 시점에 하는 '1차 추정'과 그 시점을 회고하는 '2차 추정'이 다르기 때문이다. 아무 일도 일어나지 않은 하루는 길지만(1차 추정), 만약 1년을 그렇게 보내고 다시 그 시절을 회고하면 짧게 느낀다(2차 추정). 군대를 다녀온 성인 남성들은 군 시절을 떠올리면 이해하기 쉽다. 군대에 있을 때는 매일매일이 길게 느껴졌겠지만, 다시 그 시절을 회고하면 어떤가? 기억에 남는 일이 그다지 많지 않다. 자극이 없는 순간은 길지만 지나고 보면 기억에 남는 게 없는 공허함뿐이다. 그리고 사람들은 남겨둘 기억이 없는 시기를 축소해 저장한다. 따라서 한두 줄 짧게 쓴 일기장을 보며 많은 추억을 떠올릴 수는 없다. 당시의 경험과 느낌을 구체적으로 꼼꼼하게 쓴 일기여야 시간이 흐른 뒤에도 여러 장면으로 기억될 수 있는 법이다.

　　한편 충격적인 사건일수록 사건이 일어난 시기를 실제보다 최근의 일로 기억하는 '망원경효과telescoping effect'가 생각에 개입한다. 나도 가끔 세간을 떠들썩하게 했던 흉악범들의 출소 기사를 접할 때마다 어떻게 이렇게 빨리 사회에 복귀시킬 수 있는지 이해하기 어려울 때가 있다. 우리 모두를 경악시킨 흉악범 조두순의 형량이 얼마일 것 같은가? 실제로는 12년이지만 사람들은 그보다 일찍 출소했다고 생각한다. 그렇게 생각하는 이유는 충격적인 사건은 더 뚜렷하게 그려지기도 하고 머릿속에서 반복, 재생되어 다른 사건에 비해 생생하기 때문이다.

　　이제 〈벌써 일년〉을 시간의 심리학으로 정리해보자. 먼저 시간의 1차 추정과 2차 추정 간의 차이다. 이별 뒤에 또 다른 만남이나 새로운 경험이 없었다면 매일매일이 지루하고 길게 느껴졌을 수 있지만(1차 추정), 시간이 지난 뒤에는 그 시간이 공허할 것이므로(2차 추정) '벌써 일년'이라고 노래한 것이 아니었을까. 게

다가 주인공은 기념일마다 연인을 떠올린다. 주인공은 현재가 아니라 과거에 머물러 있다. 현재에서 과거를 추정한다면 시기를 길게 예측할 수 있으나, 과거에서 과거의 추정은 상대적으로 짧을 수밖에 없다. 또 이별의 아픔, 함께했던 추억을 매일 생생하게 떠올렸다면 1년 전의 이별이 최근 일처럼 느껴졌을 것이기 때문에 1년이 지난 시점에도 시간의 흐름을 실감하기 어려웠을 것이다. 이처럼 브라운 아이즈의 〈벌써 일년〉은 헤어진 이후에 고통과 그리움을 시간의 심리학으로 생생하게 표현해 더 슬프고 애절하다.

♫ 브라운 아이즈 | 벌써 일년

○.
감각이 불러일으키는
정서

인간의 오감은 동시에 감각할 수 없으며 기본적으로 일대일로 대응한다. 그런데 세상에는 이러한 감각 구조를 뛰어넘는 공감각자들이 있다. 이들의 지각 체계에서는 한 가지 유형의 감각자극이 서로 다른 감각 반응을 일으킨다. 예를 들어 스티비 원더Stevie Wonder나 빌리 조엘Billy Joel과 같은 공감각 능력을 지닌 음악가들은 악보의 음표를 색으로 인지해 머릿속으로 음악을 그릴 수 있다고 한다. 성악가 루치아노 파바로티Luciano Pavarotti, 화가 바실리 칸딘스키Wassily Kandinsky, 지휘자 레너드

번스타인Leonard Bernstein 등도 공감각 능력을 지닌 대
표적인 예술가들로 꼽힌다.

공감각 중에서 가장 흔한 형태는 문자나 숫자가
특정 색으로 인식되는 '색-자소color-grapheme 공감각'
이다. 우리에게도 이러한 능력이 있는지 확인할 수 있
는 방법이 있다. 다음 그림에서 숫자 2를 찾아보자.

만약 숫자 2가 색깔이 있는 그림처럼 보였다면
공감각자다. 연구에 따라 차이는 있지만 대략 인구의
2퍼센트가량이 이러한 공감각 능력을 지니고 있다고

한다.

그런데 왜 공감각자도 아닌 사람들이 '보랏빛 향기'와 같은 공감각적 표현에 끌리는 걸까? 그 이유는 바로 감각자극이 감정 반응을 함께 불러일으키기 때문이다. 예를 들어 여름철 불쾌지수 같은 표현을 떠올리면 이해가 쉽다. 이 단어를 듣는 순간 객관적인 수치로 표현되는 온도와 습도만이 아니라, 불쾌함이라는 감정과 불편하고 짜증스러운 기억 등 여러 인지적, 정서적 반응이 한꺼번에 유발된다. 우리가 이처럼 온도와 습도에 감정을 결합한 용어를 자연스럽게 받아들이는 이유는 뇌에서 온도와 습도로 경험하는 촉감을 쾌·불쾌의 감정 체계와 연결시키기 때문이다.

흔히 애착을 느끼는 물건은 부드러운 촉감을 느낄 수 있는 담요나 인형 같은 것이다. 시각적, 청각적 상징의 물체를 애착 대상으로 삼지 않고 촉각적인 것에 애착을 느낀다는 것은 각 감각에 어울리는 감정이 따로 있다는 것을 암시한다. 즉, 감각과 감정 체계의 연결이 적절하다면 단일 감각 표현보다 공감각적 표현이 더 풍부한 감정 반응을 일으킬 수 있을 것이다. 공감각적 능력을 타고난 사람들은 공감각적 표현 없이도 공감각을 경험하지만, 평범한 사람들은 공감각적 표현에서 공감각을 체험할 수 있는 것이다.

그래서 특히 마케팅을 할 때는 자사의 제품으로 여러 감각적 경험을 동시에 일으켜서 소비자들이 공감각을 경험할 수 있도록 하는 것이 주요하다. 제품이나 서비스에 대한 풍부한 감정 체험이 소비 욕구로 이어질 수 있기 때문이다. 실제로 영국의 레스터대학교University of Leicester 심리학과 에이드리언 노스Adrian North 교수와 그의 동료들은 와인을 선택하는 데 음악이 영향을 미칠 수 있음을 증명했다. 이들은 와인 매장에 2주간 프랑스 음악과 독일 음악을 번갈아가며 틀었다. 그러자 프랑스 음악이 연주되는 날에는 프랑스 와인의 매출이 늘었고, 독일 브라스밴드brass band 음악이 연주되는 날에는 독일 와인의 매출이 늘었다.

이와 비슷한 사례로 2012년 칸광고제 미디어 부문에서 동상 두 개를 수상한 제일기획의 던킨도너츠

'플레이버 라디오flavor radio' 프로모션이 있다. 이 프로모션을 통해 향기가 매장 방문율과 매출에 긍정적인 영향을 끼친다는 사실이 드러났다. 광고기획자들은 버스 안에서 던킨도너츠의 라디오광고(청각)가 나갈 때 커피 향(후각)도 함께 방출했는데 버스 정류장에서 가까운 던킨도너츠 매장의 방문율은 16퍼센트 늘었고, 매출액도 29퍼센트 증가했다.

그렇다면 어떤 상황에서도 공감각적 표현이 단순한 감각적 표현보다 낫다고 할 수 있을까? 대개 불필요한 감각을 유도하는 것은 혼란만 일으킬 뿐이다. 그러니 공감각이 단순 감각보다 무조건 낫다고 할 수 없으며, 중요한 것은 표현하고자 하는 대상과 공감각적 표현의 조화다. 이를 위해서는 각 감각이 담당하는 정서의 영역을 이해하면 좋다.

먼저 청각은 앞서 언급한 와인 실험처럼 사람들의 구매 행동뿐 아니라 사회적 행동에도 영향을 미친다. 클래식음악은 사람들을 느긋하게 만들고, 댄스음악은 사람들을 빠르게 움직이게 만든다. 우리 조상들의 노동요는 함께 일하는 사람들의 단합을 북돋았고, 캐나다, 영국, 미국에서는 지하철에서 클래식음악을 틀기 시작하자 폭력 사건 발생률이 감소했다. 한편 넷플릭스 드라마 〈오징어 게임〉이 공전의 히트를 친 이유 중 하나는 누구나 한 번쯤은 들어보았을 법한 클래식음악을 OST로 사용한 데 있다. 이 드라마에서 등장인물들이 기상할 때 프란츠 요제프 하이든Franz Joseph Haydn의 〈트럼펫 협주곡〉이 흘러나오고, 식사 장면에서는 표트르 차이콥스키Pyotr Chaikovskii의 〈현을 위한 세레나데〉가 흐른다. 또 요한 슈트라우스Johann Strauss의 〈아름답고 푸른 도나우〉는 등장인물들이 게임장으로 이동할 때 웅장하게 울려 퍼진다. 그런데 막상 게임이 시작되는 순간에는 우리가 클래식을 들을 때 기대하는 편안함과 안정감이 아닌 잔인한 폭력이 난무하는 상황을 연출해 극적 효과를 높였다.

그다음으로 후각은 어떤 대상을 좋거나 싫게 만드는, 다시 말해 대상에 대한 태도를 형성하는 기본 감정과 관계가 깊다. 불쾌한 대상은 후각으로 빠르게 감지된다. 상한 음식을 냄새로 재빠르게 식별하지 못하면 생존에 문제가 생기기 때문이다. 2019년에 개봉한 영화 〈기생충〉에서 박 사장이 말하는 기택의 냄새는 불쾌함을 넘어서 경멸의 대상을 표현하는 은유로 쓰였다. 거짓과 부도덕에 대한 인간의 원초적 의심에 '냄새가 난다'는 표현을 쓰는 것 역시 태도 형성과 관련 있다. 나쁜 냄새가 만연한 곳이 아니라 좋은 향기가 가득한 곳에 오래 머물고 싶어 하는 것은 인간의 본능이다. 또한 후각은 기억과 밀접한 관련이 있다. 후각이 뇌 속에서 기억을 담당하는 해마와 직접 연결되어 있기 때문이다. 그래서 특정 냄새를 맡으면 그와 관련한 기억을 떠올릴 수 있는 것이다. 엄마 냄새는 단순한 후각적 자극이 아니라 추억으로 우리를 자연스럽게 인도한다.

촉각은 어떤 대상과의 관계 형성과 관련이 깊다. 첫인상을 형성하는 것은 촉각이다. 사람에게 '따뜻하다' 혹은 '차갑다'라고 하는 것은 그 사람의 체온을 의미하는 것이 아니다. 옷을 사기 전에 옷의 질감을 만져보고 싶은 것은 자연스러운 욕구다. 옷과 나의 관계 형성의 순간이기 때문이다. 그래서 컴퓨터그래픽이나 VR(가상현실), AR(증강현실)로 옷을 구매하는 것은 아직 시기상조다. 자신에게 잘 어울리는 스타일과 색인지는 확인할 수 있지만, 결정적으로 옷의 질감을 느낄 수가 없기 때문이다. 우리가 애정을 느끼는 대상을 만지고 또 그 대상이 만져주었으면 하는 것 역시 자연스러운 관계 형성 욕구다.

미각은 상상력과 관련 있다. 인생의 '쓴맛'은 나이 든 사람들이 젊은 세대에게 앞으로의 인생을 대비하라고 전하는 말이다. 젊은 세대가 경험 많은 나이 든 사람에게 인생의 '쓴맛'을 말하지는 않는다. 어떤 음식에서 치약 맛이 난다고 하면 우리는 쉽게 상상할 수 있다. 민트초코 맛 아이스크림을 꼭 먹어보아야 그 맛을 아는 것이 아니다. 레몬을 쳐다보거나 심지어 떠올리기만 해도 미간이 찌푸려지면서 침이 고이는 것은 미각이 우리에게 주는 상상력 때문이다.

마지막으로 시각은 다른 감각에 비해 영향력이

가장 크다. 우리는 눈에 보이는 것을 믿는다. 최고의 요리사가 최상의 재료로 만든 향긋한 냄새의 음식이 강아지 똥 모양이라면 쉽게 손이 갈 리 없다. 우리가 어떤 대상을 평가하고 판단할 때 필요한 정보의 62~90퍼센트를 시각이 담당한다. 심지어 잠재의식적 판단을 담당하는 것도 대부분 시각의 몫이다.

감각과 정서 간의 관계를 이해했다면 이제 공감각적 표현이 들어간 노랫말들을 심리학적으로 살펴보자. 강수지의 〈보랏빛 향기〉에서 사랑과 테이의 〈사랑은... 향기를 남기고〉에서 사랑은 후각이기에 아련한 추억의 대상이지만, 양수경의 〈사랑은 차가운 유혹〉에서 차가운 촉각적 사랑은 헤어질 때 상대방이 얼마나 냉정하고 매몰찼을지 짐작하게 한다. 또 산울림의 〈내게 사랑은 너무 써〉는 사랑을 쓴맛이라고 표현해 많은 이에게 첫사랑은 곧 아픔이라는 것을 상상하게 하지만, 소주의 쌉쌀함이 어느 순간 달콤함으로 바뀌듯 세월이 지나 그 쌉쌀했던 첫사랑의 기억을 떠올릴 때는 왠지 달콤함만 남아 있을 것만 같다. 버스커버스커의 〈벚꽃 엔딩〉은 벚꽃 잎이 울려 퍼지는 그 순간에 누군가와 함께하고 싶게 만들지만(청각의 사회적 영향력), BTS의 〈봄날〉은 눈꽃이 떨어지는 모습을 조금씩 멀어지는 연인의 모습에 비유해 이별의 아픔을 시각적으로 생생하게 그리게 한다.

♫ 강수지
보랏빛 향기

♫ 테이
사랑은... 향기를 남기고

♫ 양수경
사랑은 차가운 유혹

♫ 산울림
내게 사랑은 너무 써

♫ 버스커버스커
벚꽃 엔딩

♫ BTS
봄날

○.
아무 이유 없이 다운될 때는
'아무 노래'가 좋다

뇌는 상상하는 것을 좋아한다. 대개는 긍정적인 미래를 상상하는 것이 즐겁기 때문에 사람들은 좋은 일을 기대하며 인생을 살아간다. 여러분이 '오늘보다 내일이 더 나을 거야'라고 생각한다면 그것은 특별히 낙관적인 성격이어서가 아니라 인간이기 때문에 그렇다. 대부분의 사람은 자신이 다른 사람에 비해 오래 살 것이라 기대하고, 심장마비나 교통사고, 재난 등은 자신에게 일어나지 않을 것이라 확신하며 살아간다.

심지어 안 좋은 일을 당한 뒤에도 이러한 낙관

적인 믿음은 변하지 않는다. 암에 걸리면 그 당시에는 죽을지도 모른다는 현실적인 판단을 내리지만, 시간이 지나면 근거 없는 낙관주의가 고개를 든다. 연구에 따르면 암환자들이 암에 걸리지 않은 사람들보다 자신의 미래에 대해 더 낙관적이다.

뇌는 이런 방식으로 현실을 왜곡해 '나는 괜찮을 거야'라는 믿음을 끊임없이 생성하는데 그래야 생존확률을 높일 수 있었기 때문이다. 인류의 조상은 먹을 것이 떨어져도 저 산만 넘으면 풍성한 과일이 있을 거라고 믿어야 모험을 거듭하며 새로운 길을 개척할 수 있었을 것이고, 그러한 행동 덕분에 생존확률을 높일 수 있었을 것이다.

그렇다고 뇌가 늘 긍정적인 상상만 하는 것은 아니다. 상상에는 공포, 염려, 불안 같은 것들도 있다. 그런데 재미있는 사실은 뇌가 부정적인 일을 상상하는 이유 역시 생존확률을 높이기 위해서라는 것이다. 인간은 불쾌한 사건을 예견해야 부정적 효과를 최소화할 수 있다.

　　　　과거 심리학 실험에서 참가자들에게 부정적인 체험을 하게 하기 위해 주로 썼던 방법이 바로 전기충격이었다. 한 실험에서 연구팀은 참가자들을 두 그룹으로 나눈 뒤 양쪽 모두에게 총 스무 번의 전기충격을 가했는데, 가하기 3초 전에 경보음을 울려 사람들이 언제 전기충격을 받을지 알 수 있게 했다. 통제집단에게는 총 스무 번의 강한 충격을 주었고 매번 충격이 가해질 때마다 그들의 공포 수준을 기록했다. 실험집단에게도 통제집단과 똑같은 횟수의 충격을 가했고 그때마다 공포 수준을 측정했다. 다만 통제집단과 달랐던 점은 강한 충격은 단 세 번뿐이었고 나머지는 약한 충격이었다는 것과 실험집단은 언제 강한 충격이 올지 알 수 없었다는 것이다. 실험 결과 전체 고통의 양은 통제집단이 더 컸음에도 실험집단이 더 불안하고 두려워했다. 참가자들은 전체 고통의 양은 적지만 강한 충격이 언제 올지 모르는 상태보다 심리적으로 대비할 수 있는 예측 가능한 강한 충격이 차라리 낫다고 생각했다.

이 같은 실험 결과가 나온 것은 앞서 이야기했듯이 부정적 사건을 예견해야 미래를 대비할 수 있기 때문이다. 보고서를 작성하기 위해 밤을 새우려면, 시험 때만 되면 벼락치기를 하는 습관을 고치려면, 야식의 달콤한 유혹에서 벗어나려면, 각각 보고서를 제때 작성하지 못해 곤란한 상황, 시험을 망쳐 선생님께 야단맞는 모습, 야식으로 건강이 상해 병원에 다니는 것과 같은 부정적 미래에 대한 상상이 필요하다. 그래서 가끔 불안과 염려는 동기를 부여하는 기폭제로 작용한다. 그러니까 걱정과 불안이 항상 나쁜 것은 아니다. 걱정도 불안도 때로는 이롭다.

긍정과 부정의 상상 기제가 대략 4대 1에서 3대 1의 비율로 작동할 때는 안정적이지만, 부정의 비율이 이보다 높아지면 우울증을 염려해야 한다. 게다가 우울증을 앓을 때는 부정적 상상이 꼬리에 꼬리를 물어 긍정과 부정의 상대적 비율이 점점 악화된다. 그래서 이 부정의 쳇바퀴에 갇히기 전에 벗어날 수 있는 탈출 버튼이 필요하다. 가장 확실한 탈출 버튼은 뭐가 되었든 일단 결정하는 것이다. 모든 것이 불확실하면 불안을 담당하는 편도체의 반응성이 커진다. 그러므로 아무리 작은 일이라도 빨리 결정하면 불확실성에서 확실성의 영역으로 이동할 수 있다. 통제감이 상승하는 것이다. 통제할 수 있는 일에 주의를 기울이면 불안과 걱정은 물론 심지어 통증까지도 감소한다. 그래서 우울할 때는 일단 '아무 노래'나 듣는 것이 불안과 걱정의 쳇바퀴에서 벗어날 수 있는 최상의 탈출 버튼 가운데 하나다.

불확실성 외에 우리가 불안과 걱정에 휩싸이는 또 다른 이유는 만족을 느끼지 못해서다. 제때 만족을 느끼지 못하면 아무리 좋은 일도 고통스럽게 변한다. 맛있는 음식도, 즐거운 운동도 만족을 모르면 고통이 된다. 만족을 모른 채 모든 것을 극대화하고자 하면 결정을 내릴 수 없거나 결국은 자신의 선택에 불만을 느낄 수밖에 없다.

예컨대 세상에 있는 옷들 중에서 자신에게 꼭 맞는 최상의 옷을 찾는 것이 가능할까? 세상에 있는 모든 옷을 다 입어보는 것은 불가능하다. 최상의 옷을 찾아 헤맬 것이 아니라 적정한 수준에서 만족하는 것이 현명하다. 그런 의미에서 세상에서 가장 행복한 사람이 되려고 애쓸 필요도 없다. 그저 지금 이 순간을 즐기면 된다. 그런데 우울하거나 불안한 상태에서는 만족할 줄 모르기 때문에 만족을 담당하는 뇌 부분을 잘 작동시킬 수 있는 훈련이 필요하다. 불안할수록 선택의 폭을 좁히고 많이 웃으려고 노력하고 현실을 즐기는 것이다. 불안한 상태에서는 선택의 여지가 많을수록 선택하기 힘들고 만족감은 떨어진다. 선택하지 못한 것을 선택한 것과 비교해봄으로써 생기는 기회비용에 대한 후회가 선택의 범위에 비례해서 증가하기 때문이다.

현재 선택과 의사결정 분야의 세계적인 권위자 컬럼비아대학교Columbia University 시나 아이엔가Sheena Iyengar 교수와 스탠퍼드대학교 심리학과 마크 레퍼Mark Lepper 교수는 한 논문에서 많은 옵션이 오히려 만족감을 떨어뜨린다고 주장한 바 있다. 논문을 짧게

요약하면, 마트 잼 시식대에 스물네 가지 종류를 진열했을 때는 사람들이 더 많이 몰려들었지만 겨우 3퍼센트만 구매했고, 여섯 가지 종류를 맛보게 했을 때는 30퍼센트가 구매했다. 많은 선택지 중에서 하나를 고르는 것이 쉽지 않다는 것을 안다. 하지만 그렇다고 나는 이 실험을 일반화해 인생의 모든 선택안은 적을수록 좋다고 주장하는 사람들을 신뢰하지 않는다. 왜냐하면 많은 선택안이 늘 나쁜 것은 아니기 때문이다. 인생의 모든 상황에서 적은 선택안이 좋은 것이 아니라, 불안하고 걱정 많은 상태에서는 많은 선택안이 후회라는 감정을 가중할 뿐이라는 사실을 명심해야 한다.

실제로 스위스 바젤대학교University of Basel 경제심리학과 베냐민 샤이베헤네Benjamin Scheibehenne 교수는 선택과 관련한 50개의 실험 논문을 메타분석해 더 많은 선택안이 반드시 만족감을 떨어뜨리는 것은 아니라는 사실을 밝혀냈다.

지금 다운되어 있다면 그 기분에 맞는 최상의 음악을 찾기 위해 여러 옵션을 생각할 필요가 없다. 일단 아무 노래나 들으면서 친구들과 함께 웃는 것만으로도 통제감과 만족감을 높일 수 있다. 불안과 걱정이 때로는 이로운 것이 맞지만 부정의 쳇바퀴에서 헤매고 있을 때는 해로울 뿐이다. 이때는 탈출 버튼을 먼저 작동시켜야 한다. 그래서 나도 기분이 다운될 때는 아무 노래나 듣는다. 그중에서도 지코의 〈아무 노래〉는 우울할 때 작은 통제감이 어떻게 만족을 높이는지 정신건강의 가장 중요한 원천을 잘 말해주고 있어 종종 찾아 듣는다.

♬ 지코 | 아무 노래

취중에 속마음을
말하는 심리

술을 마시면 진심이 나올까? 동서양을 막론하고 술이 진심을 끌어낸다고 믿는 격언은 수없이 많다. 이를테면 '취중진정발醉中眞情發'이나 독일의 철학자 하인리히 리케르트Heinrich Rickert가 말한 "진실은 늘 술 속에 있다"가 대표적이다. 의아한 점은 "술에 취해 실수로 한 말이지 진심은 아니었다"는 말처럼 취중 진담과 상반된 말도 흔하다는 것이다. 특히 술이 공격성을 동반하면 술은 진심이 아닌 실수에 대한 변명의 수단으로 급부상한다. 심지어 술이 변명의 수준을 넘어 법리적으로 인정받는 '주취감형'이라는 이해 못 할 제도도 있다. 여하튼 술로 진심을 보이기도 하고 진심을 가리기도 하므로 '취중 진담'과 '취중 실언'이 병립할 수 있는 것은 맞다. 그래서 김동률이 〈취중진담〉에서 술의 힘을 빌려 사랑을 고백하고, 김민석은 〈취중고백〉에서 용기가 부족해 술은 마셨으나 취하지는 않았으니 실수로 하는 고백이 아니라고 노래할 수 있는 것이다. 김동률은 '취중 진담'을 믿어 취중에 진심을 고백하고, 김민석은 '취중 실언'을 믿기에 취하지 않은 상태의 고백이 진심이라고 항변하는 것이다.

그렇다면 술은 어떻게 때로는 진심을 자아내고, 또 때로는 실수를 유발하는 것일까? 그리고 술기운에 하는 행동을 진심이라고 믿는 것이 맞는 걸까? 술이 유발하는 상반된 효과를 이해하려면 뇌과학과 심리학이 필요하다. 뇌과학적으로 알코올은 가바GABA(신경 세포 사이의 메시지 전달을 가능하게 하는 화학물질로, 생각을 억제하는 데 관여한다)에 작용해 뇌 기능을 떨어뜨린다. 평소 나의 생각을 통제하는 전전두엽의 억제 기능이 술김에 약화되니 그동안 억압되었던 생각, 감정, 행동, 말 등이 튀어나오기 시작한다. 그래서 술은 좋은 사람과 함께 마셔야 한다. 그래야 평소에는 말하지 못했던 진심을 전할 수 있지만, 싫은 사람과 마시면 억눌러 있던 부정적 감정이 은연중에 튀어나와 곤혹을 치르기 쉽다. 즉, 심연에 자리하고 있던 무의식적 감정이나 생각이 긍정적이었는지 부정적이었는지에 따라 술에 취했을 때 나타나는 행동이 달라질 수 있다.

그럼 겉으로 드러난 의식은 진심이 아닌 것일까? 나는 의식과 무의식 모든 것이 나의 진짜 모습이라고 생각한다. 그래야 '취중 진담'과 '취중 고백'의 결과 역시 내가 짊어질 수 있기 때문이다. 알코올은 책임감의 약화로 이어지기도 하는데, 이는 '자기 인식self-awareness' 강화를 통해 통제할 수 있다. 술을 마실 때 자기 인식을 의도적으로 강화하지 않으면 실수가 잦아질 뿐이다. 알코올은 '탈억제disinhibition'를 통해 자기 인식을 느슨하게 만든다. 다트머스대학교Dartmouth College 심리 및 뇌과학과 제이 헐Jay Hull 교수 팀은 술을 마신 후에 사람들이 'I' 'Mine'과 같이 자칭대명사를 평소보다 덜 쓰는 현상을 발견했다. 또한 분위기에 휩쓸려 쉽게 동조하는 경우도 빈번하다는 사실을 알아냈다.

술이 과거 전쟁 중에 빠지지 않는 군수품 중 하나였던 것도, 지금도 월드컵과 같은 국가 대항전이 열릴 때마다 치맥이 불티나게 팔리는 것도 다 그만한 이유가 있다. 술을 마시면 개인의 정체성은 약해지고 집단의 일체감은 강해진다. 전날 회식 자리에서 '원 팀one team'을 강조하며 "우리는 하나"를 외칠 때는 조직의 일체감이 분명 하늘을 찔렀지만, 다음 날이 되면 언제 그랬냐는 듯이 행동하는 것은 자기 인식이 다시 활성화되었기 때문이다.

술이 자기 인식을 느슨하게 만들다 보니 책임감이 떨어지고 평소 자기 신념과 모순된 행동을 하거나 타인에게 공격적인 행동을 해도 죄책감이 덜 느껴진다. 술이 가면을 쓰게 해주었기 때문이다. 역사적으로도 전사가 가면이나 투구를 쓰고 전투에 나가는 문화

권일수록 학살이 자행되었으며 포로에게 가혹 행위를 일삼았다. 최근 연구를 보면 아이들에게 변장 용품을 착용한 후에 놀게 했을 때 공격 행위가 높아졌다는 결과도 있다. 영국의 윌리엄 골딩William Golding이 쓴 장편소설 『파리대왕』이나 KKK단의 폭력 등도 같은 맥락에서 이해할 수 있다. 그래서 술을 마실 때는 중간중간에 거울로 자신의 모습을 살펴야 한다. 그래야 약화된 자신의 자기 인식을 활성화할 수 있다.

그렇다면 꼭 알코올을 섭취해야 책임감이 약화되고 공격성이 증가되는 것일까? 혹시 알코올을 섭취했다고 착각하는 것 또한 동일한 효과를 일으킬 수 있지 않을까? 이에 대한 답은 미주리대학교University of Missouri 심리학과 린 쿠퍼Lynne Cooper 교수가 진행한 실험을 보면 알 수 있다. 쿠퍼 교수는 실험 참가자들에게 알코올이 전혀 들어 있지 않은 음료를 술이라고 속이고 마시게 했다. 결과는 어땠을까?

참가자들은 실제 술을 마신 것처럼 행동했다. 알코올 효과에 대한 기대감만으로도 사람들의 행동이

변한 것이었다. 어떤 사람들은 술을 핑계 삼아 자신의
행동을 정당화하려고 한다. 이때는 술이 원인이 아니라
자신의 욕구를 술로 감추었다고 보는 것이 옳다. 술이
공격성을 유발한 것일 수도 있지만, 분풀이를 하고 싶
은 사람이 술이라는 가면을 쓴 것일 수도 있다. 따라서
술이 무조건 공격성을 유발한다고 단정할 수는 없다.

　　술이 위험한 사람과 상황은 따로 있다. 특정 사람
이 특정 상황에서 술을 마시는 것이 위험하다. 같은 상
황이라도 사람이 다르거나, 같은 사람이라도 상황이 바
뀌면 결과는 달라진다. 켄터키대학교Kentucky University
심리학과 피터 지안콜라Peter Giancola 교수와 미셸 코먼
Michelle Corman 교수는 술이 유발하는 공격적 성향이 상
황에 따라 달라진다는 사실을 연구해 발표한 바 있다.

　　실험 참가자들은 서로 보이지 않는 상태에서
스페이스바를 누르고 있다가 스크린에 메시지가 뜨면
누가 더 빨리 손을 떼는지 경쟁했다. 경쟁에서 이기면
다른 플레이어의 손가락에 전기충격을 가할 수 있었
으며 강도 또한 선택할 수 있었다. 한편 연구팀은 일부

참가자들에게 과제에 집중하지 못하도록 스크린에 노출된 여러 사건을 순서대로 기억하도록 지시했다. 그리고 실험 참가자 중에서 절반은 알코올에 오렌지주스를 섞어 마시게 했고, 나머지는 알코올 냄새가 나는 무알코올 오렌지주스를 마시게 해 술을 마셨다고 착각하게 했다. 여기서 다시 절반을 다른 과제와 스페이스바 과제를 동시에 수행하는 집단과 스페이스바 과제만 수행하는 집단으로 나누었다. 게임의 승패는 참가자들의 실제 게임의 결과에 따른 것이 아니라 연구팀이 의도적으로 조작했으며, 연구팀은 이를 바탕으로 모든 집단의 공격성을 테스트했다.

실험 결과 공격성이 가장 높았던 집단은 술을 마신 상태에서 자기 앞에 놓인 과제에만 집중했던 사람들이었다. 술을 마셨지만 다른 과제에 정신이 빼앗긴 사람들은 오히려 술을 마시지 않은 사람들보다 공격성이 낮았다. 그러니 술을 마시다가 폭력적으로 변할 것 같은 기미가 있으면 재빨리 주의를 돌려야 한다. 장소를 옮기든, 대화 주제를 바꾸든, 같이 있는 사람을 바꾸든, 음악을 바꾸든 지금 현재에 집중하는 것만 피할 수 있으면 공격성은 통제할 수 있다. 술에 관해 자기 인식이 높은 사람들은 술자리에서 폭력적 기미가 나타나면 재빨리 그 상황을 바꾸려고 시도한다. 주변에 이런 사람이 있다면 마음 놓고 함께 술을 마셔도 좋다. 또한 술이 공격성을 유발하는 메커니즘을 잘 알고 있는 사람들은 술자리에서 타인의 공격적 행동에 대해서도 책임감 있게 통제할 수 있다.

〈취중진담〉〈취중고백〉과 관련해 하나 더 말하자면 이 노래들은 원곡자들이 불러야 제맛이다. 싸이나 블랙핑크가 부르는 모습을 상상할 수 있을까? 가창력을 떠나서 이런 노래는 내향적introvert인 사람에게 잘 어울린다. 외향성extroversion과 내향성introversion은 뇌에서 신피질의 특정 영역의 각성 정도와 관련 있다. 외향적인 사람은 각성의 임계점이 높고, 내향적인 사람은 각성의 임계점이 낮다. 물의 끓는점은 100도인데, 만일 임계점이 높아 끓는점이 150도라면 더 많은 열에너지가 있어야 하고, 임계점이 낮아 끓는점이

50도라면 적은 양의 열에너지만 있어도 된다. 마찬가지로 우리가 일상적인 일들을 효율적으로 처리하려면 최적의 각성수준을 유지해야 하는데, 외향형은 그 수준에 도달하려면 더 많은 외부 자극이 필요하기 때문에 자연스럽게 흥분을 높이는 방향으로 행동한다. 그 반면에 내향형은 상대적으로 적은 외부 자극과 고통에도 민감하다. 흔히 과묵한 내향형이 외향형보다 참을성이 강하다고 오해하는데, 사실은 그렇지 않다. 내향형은 자극과 고통에 더 민감하게 설계되어 있음에도 표현을 안 할 뿐이다.

　　최적의 각성수준을 유지하기 위해 환경의 자극수준을 높이거나 낮추는 것 외에 알코올이나 카페인 등으로 각성을 직접 유발하는 방법도 있다. 알코올과 카페인의 각성 효과는 사람에 따라 다르다. 외부 자극수준이 높은 업무 환경에서 많은 양의 커피를 마시면 외향형은 업무 수행에 큰 지장이 없지만, 내향형은 지나친 각성상태가 일어나 업무 처리 능력이 떨어진다.

　　그렇다면 업무 환경을 떠나 긴장이 이완된 환

경에서 술의 효과는 어떨까? 외향형에 비해 내향적인 사람이 같은 양의 알코올에도 각성수준이 높아져 평소와 달리 말이 많아질 수 있다. 그러니 〈취중진담〉과 〈취중고백〉처럼 술에 취해 고백하는 것은 평소에 표현을 안 하다가 술기운을 빌려 용기를 내는 사람에게 어울린다. 자신이 외향형이라면 술에 취해 고백하는 것을 자제해야 한다. 동일한 알코올 분해 능력을 가지고 있다고 가정했을 때, 취기가 오른 외향형은 내향형에 비해 더 많은 알코올을 섭취한 것과 다름없다. 그 결과 자기 인식과 통제력이 떨어져 실언을 할 가능성이 높아진다. 하지만 내향형이라면 취중 고백을 한 번쯤 시도해볼 만하다.

♫ 김동률
취중진담

♫ 김민석(멜로망스)
취중고백

왜 날씨에 따라
기분이 달라질까

치즈의 〈Madeleine Love〉를 들으면 젊은 시절에 지
금의 아내랑 연애를 하던 때가 떠오른다. 데이트 전날
이면 설레서 잠을 제대로 못 자기도 하고, 어떤 옷을
입고 나가야 할지 고민하기도 하고, 데이트 날에는 날
씨가 좋을지 어떨지 전전긍긍하기도 했다.

　그럼 〈Madeleine Love〉의 노랫말처럼 날씨가
좋은 날에 데이트를 하면 성공 확률이 더 높아질까? 날
씨가 기분을 좌우한다는 것은 굳이 심리학을 언급하지
않아도 경험상 이미 알고 있는 사실이다. 뜨거운 여름

에는 〈해변의 여인〉 〈여름 안에서〉 〈롤린〉과 같은 신나
는 댄스음악이 어울리고 비 오는 날에는 〈비처럼 음악
처럼〉 〈잠 못 드는 밤 비는 내리고〉와 같은 감성적인 노
래가 어울리기 마련이다.

그런데 날씨가 감정과 사고에 영향을 미치는
방식은 우리의 예상처럼 단순하지 않다. 기억력을 예로
들어보자. 기억력과 같은 인지능력은 날씨가 좋은 날과
나쁜 날 중 언제 더 나을까? 정답은 22도일 때 가장 좋
고, 이보다 높거나 낮으면 떨어진다. 그렇다면 의사결
정은 어떨까? 날씨가 사람들을 더 이성적이고 합리적
으로 행동하게 만들기도 할까? 햇볕이 좋고 따뜻한 날
씨라면 합리적 의사결정에 취약해진다는 사실을 기억
하시라. 날씨가 좋으면 계획에 없던 소비를 하거나 씀
씀이도 헤퍼지기 쉽고, 주식매매에 실패하는 사례도 많
다고 한다.

그러니 화창한 날씨가 늘 좋은 것도 아니고, 우
중충한 날씨가 늘 나쁜 것도 아니다. 하지만 일조량
은 주의해야 한다. 겨울철에는 일조량의 감소로 우울

증에 걸릴 확률이 높아진다는 연구 결과가 있기 때문이다. 실제로 긴 겨울이 다가올 때쯤 느끼는 우울감인 '계절성정동장애seasonal affective disorder'(공교롭게도 약자가 SAD다)는 미국정신의학협회American Psychiatric Association, APA의 『정신질환 진단 및 통계 편람』에 공식 등재되어 있다. 겨울에 'SAD'가 찾아오는 이유는 집 안에 있는 시간이 길어짐에 따라 야외 활동이 줄어들면서 체중도 늘고 병에도 취약해지기 때문이다. 또 일조량이 떨어지면 뇌 속 생화학물질에 불균형이 발생해 면역체계에 부정적 영향을 미칠 수 있다. 그래서 겨울이 길어지면 햇살 좋은 날 의도적으로 외출할 필요가 있다.

날씨는 조직의 생산성에도 영향을 미친다. 하버드대학교 주아 줄리아 리Jooa Julia Lee 교수와 하버드 비즈니스스쿨Harvard Business School 프란체스카 지노 Francesca Gino 교수 등은 날씨가 좋으면 사람들이 바깥 풍경이나 외부 활동에 주의력을 뺏겨 생산성이 떨어진다는 사실을 입증하기도 했다. 부주의로 인한 생산성

저하는 날씨가 좋은 날 빈번히 발생하기 마련이다. 연구팀은 은행원들이 2년 반 동안 진행한 59만 8,393건의 대출 계약 업무를 분석했다. 대출 계약은 IT 시스템 기반이었기 때문에 업무 시작부터 계약 체결까지의 시간 기록이 데이터베이스에 남아 있었다. 분석 결과 비가 오는 날에는 계약을 끝내기까지 걸리는 시간이 0.7퍼센트 감소했다. 즉, 비가 내리면 사무직의 생산성은 높아진다.

　　한편 버지니아코먼웰스대학교Virginia Commonwealth University 유전학연구소의 매슈 켈러Matthew Keller와 그의 동료들은 날씨가 사고력과 기분에 미치는 영향에 관해 증명한 바 있다. 연구팀은 실내에서 과제를 할 그룹과 실외에서 과제를 할 그룹을 무작위로 선택했다. 해가 좋고 맑은 날에 실외에서 과제를 수행한 참가자들의 기분은 좋아졌지만, 실내에서 과제를 수행한 사람들은 오히려 기분이 가라앉았다. 한마디로 날씨가 기분에 미치는 영향은 그 사람이 어디에 있느냐에 따라 달라진다고 할 수 있다.

이 연구의 백미는 연중 다른 시기의 비슷한 날씨일 때 사람들의 기분을 조사한 데 있다. 기온이 20도의 햇살이 따뜻한 4월 초와 역시 같은 기온의 햇살이 따뜻한 9월 초를 떠올려보자. 날씨는 비슷하지만, 계절은 다르다. 이때 사람들의 기분은 같을까, 아니면 다를까? 4월은 겨울 다음에, 9월은 여름 다음에 찾아온다. 4월은 겨우내 주춤했던 외부 활동을 본격화하는 시기고, 9월은 한참 동안 외부 활동을 해오던 시기다. 외부 활동을 기준으로 생각해보면 대비가 뚜렷한 것은 4월이다. 따라서 같은 날씨라도 9월에 비해 4월에 긍정적인 기분과 날씨의 상관관계가 더 높게 나타난다. 우리나라 속담에 "봄볕은 며느리를 쬐이고 가을볕은 딸을 쬐인다"는 말은 며느리보다 딸을 더 생각하고 아껴 좋은 환경에 내보낸다는 의미지만, 긍정적 기분만 고려하면 봄볕이 가을볕보다 낫다.

이제 〈Madeleine Love〉로 되돌아가보자. 노랫말 속 화자는 데이트에 성공했을까? 파란 하늘과 완벽한 바람, 좋은 날씨는 자신뿐 아니라 상대의 긍정적 기분을 고양하는 데 도움이 되었을 것이다. 그런데 어디까지나 날씨에 주의를 기울이지 않았을 경우에만 그렇다. 좋은 날씨에 주의를 기울이는 순간, 좋은 기분의 원인이 옆에 있는 사람이 아니라 날씨 덕분이라는 사실을 깨닫기 때문이다. 그리고 앞서 소개한 연구처럼 같은 날씨라도 고백이나 데이트는 봄에 하는 편이 더 유리하다. 그런 의미에서 이 노래를 2015년 5월에 발표한 것은 그야말로 시기적절했다고 할 수 있다.

♫ 치즈 | Madeleine Love

○.

부정에서 긍정으로
　　　　　나아가는 힘

심리학자들은 마음의 상처가 크거나 화가 났을 때 분
노를 표출하기 전에 글을 써보라고 권한다. 분노를 격
렬하게 표출하면 속이 후련해질 것 같지만, 사실 그보
다는 분노의 수위가 점점 더 높아질 가능성이 크다. 화
는 더 큰 화를 부르기 마련이다. 설령 분노를 표출함으
로써 순간적으로 기분 전환이 일어났다 하더라도 분
노 행위가 기분 전환이라는 보상으로 이어졌기 때문
에 추후에 다시 화를 내거나 다른 사람을 탓하는 일이
잦아질 수밖에 없다. 공격성이 습관이 되는 것이다. 당

연히 이러한 태도는 사회적 상호작용에 부정적 영향을 미친다. 그러므로 분노는 이성적으로 제어해야 한다. 글을 쓰는 것과 같은 이성적 통제는 자존감과 자아효능감을 높이는 효과가 있다. 갈등과 불안감, 좌절감 역시 건설적인 해결책이 필요한데 이때도 글을 쓰는 행위가 매우 효과적이다.

글쓰기가 심리적 건강에 좋은 영향을 미친다는 것은 잘 알려진 사실이지만 신체적 건강에도 긍정적인 효과가 있다는 것은 잘 모르는 듯하다. 펜실베이니아주립대학교Pennsylvania State University 조슈아 스미스Joshua Smyth 교수 팀은 글쓰기가 천식과 류머티즘성관절염 증세를 완화시키는 데 기여한다는 사실을 알아냈다.

실험집단은 정서적으로 힘들었던 사건에 관해 일주일에 3회 20분씩 글을 썼고, 통제집단은 정서적으로 중립적인 사건에 관해 글을 썼다. 실험을 시작한 시점에는 변화가 없었으나, 4개월 후에는 천식과 류머티즘성관절염 증세에서 차이가 나타났다. 이 실험을 통해 글쓰기 활동으로 신체적 고통이 줄어든다는 사실이 밝혀졌지만, 모든 글쓰기 활동이 다 그런 효과가 있는 것은 아니라는 걸 알 수 있다. 자신이 정서적으로 힘들었던 사건에 관해 글을 쓸 때만 신체적 고통을 경감하는 효과가 있다. 정서적 사건을 재구성하는 과정이 심리적 안정감 형성과 면역체계 강화에 도움을 줄 수 있기 때문이다.

힘든 일에 관해 글을 쓰는 것은 사고의 재구성 과정에 도움을 준다. 글을 쓴다는 것 자체가 해당 사건을 인지적으로 다루고 있다는 의미다. 재구성한다는 것은, 다시 말해 그 문제에 관해 다시금 생각하면서 새로운 각도에서 조명해볼 기회를 갖는다는 의미다. 흥미로운 사실은 그러한 문제에 관해 글을 쓰지 않고 곱씹어 생각만 하는 것은 도움이 되지 않는다는 점이다.

또한 자신에게 왜 이런 일이 벌어졌는지에 대해서만 생각하다 보면 분노를 키울 뿐만 아니라 그 일과 관련이 없는 타인에게 분풀이를 하기도 한다. 자신의 생각과 감정에만 주의를 집중하다 보면 시야가 좁아지기 때문에 다른 관점에서 생각해볼 여지를 없애

버린다. 주변을 살필 여력이 없기 때문에 관대함과 수용성이 낮아지고 이로 인해 타인의 사소한 실수조차 용납하지 못하고 화풀이를 하게 되는 것이다.

그런 의미에서 짙은의 〈밤 기차〉 속 화자는 자기 자신에게 편지를 써봄으로써 부정적인 감정을 떨치고 지나간 사건들을 새롭게 재구성해볼 수 있었을 것이다. 편지라는 글쓰기를 통해 비로소 나 자신을 오롯이 마주하고 세상으로 나아갈 용기를 얻을 수 있었으리라. 그래서인지 〈밤 기차〉는 자신을 객관적으로 인식하려고 시도하며 자신을 둘러싼 관계에서 이전보다 더 성숙된 모습을 보이고 있다.

다만 이 노래에서 한 가지 아쉬운 것은 화자가 자신의 약점을 고백하는 글까지 썼다면 더욱 좋았을 뻔했다는 점이다. 물론 자신의 약점을 인정하고 이를 다른 사람에게 내보이는 것은 결코 쉽지 않은 일이다. 바쁘게 변해가는 세상, 경쟁이 심화된 세상에서 약점을 인정한다는 것은 스스로 열등한 위치에 있음을 노출하는 것과 다름없다. 그러나 현명한 사람은 때로는 약점을 드러내는 것이 자신뿐만 아니라 사회적 관계를 맺을 때도 필요하다는 사실을 안다. 적절한 약점 노출은 진정성과 인간적인 면모, 겸손함을 보여주기 때문에 호감을 높이는 사회적 기술로 활용되기도 한다.

스와스모어대학교Swarthmore College 심리학과 앤드루 워드Andrew Ward 교수와 플로리다대학교University of Florida 심리학과 라일 브레너Lyle Brenner 교수는 자기 자신의 부정적 측면을 인정하는 장점에 관해 연구한 바 있다. 실험에 참가한 대학생들은 실용주의에 관한 짤막한 글을 읽고 글의 명료성을 평가해야 했다. 연구팀은 참가자들을 세 그룹으로 나눈 뒤 첫 번째 그룹에게는 글을 건네기 전에 다소 혼란스럽게 쓰였다는 점을 미리 밝혔고, 두 번째 그룹에게는 그들이 글을 다 읽은 것을 확인한 뒤에야 조금 전에 읽은 글이 혼란스럽게 쓰였다고 전달했으며, 세 번째 그룹에게는 아무 말도 하지 않았다. 실험 결과에 의하면 첫 번째 그룹은 다른 두 그룹에 비해 글의 명료성을 높게 평가했다.

한편 또 다른 실험에서 연구팀은 대학생들에게

오스트리아 억양이 강한 영어 강사의 강연 테이프를 들려주었다. 대학생들 중 절반가량은 "영어를 발음할 때 억양이 센 편이다"라고 언급했고 나머지는 그러한 말이 없었다. 흥미롭게도 강사의 발음의 약점을 고백한 강연에 대해 학생들은 강사의 발음이 정확하고 호감이 가며 영어를 오래 공부한 사람 같다고 호의적으로 평가했다.

이처럼 자신의 능력에 관해 부정적인 고백을 하는 것은 긍정적인 평가를 이끌어낼 수도 있다. 다만 그것은 어디까지나 고백을 한 그 능력에만 국한되며, 사전에 자진 공개하는 경우에만 해당된다는 점을 유념해야 한다.

♬ 짙은 | 밤 기차

PART 2

건강한 관계를
위한
사랑의 방정식

고백할 때는 귓가에 대고
말해야 하는 이유

사랑 고백은 귀에 대고 해야 효과적이다. 오감 중에서 오직 귀로만 정보를 접할 때 내용 해석의 정확도가 가장 높기 때문이다. 인간은 청각 정보와 시각 정보를 동시에 접하면 시각 정보를 우선시하거나 두 정보를 조합해 전혀 다른 정보로 인식한다.

　　1976년 영국 서리대학교University of Surrey 인지심리학자 해리 맥거크Harry McGurk 교수는 연구 조교였던 존 맥도널드John MacDonald와 함께 시각 정보와 청각 정보가 서로 영향을 미치는 '맥거크효과McGurk effect' 현상을 발견했다. 맥거크효과는 상대방의 말을 들을 때 시각이 청각을 우선시하는 현상이다. 음성은 전형적인 청각 정보임에도 시각 정보와 겹치게 되면 전혀 다르게 인식되기도 한다. 우리는 누군가가 말을 걸면 귀로 그 사람이 말하는 내용을 듣는 동시에 눈으로 그 사람의 입 모양을 보면서 소리를 가늠한다. 극장에서 더빙된 영화를 본다고 상상해보자. 관객은 스크린 속 배우의 입 모양을 관찰하면서 동시에 스피커로 나오는 음성을 인식한다. 시각 정보와 음성 정보 간의 괴리가 없다면 우리는 배우가 직접 말하는 것이라 착각하며 더빙된 영화를 즐겁게 감상할 수 있을 것이다.

그런데 만약 시각 정보와 음성 정보의 차이가 있다면 어떨까? 맥거크효과에 따르면 눈으로 상대의 입 모양을 읽으면서 귀로는 입 모양과 다른 소리를 듣는다면 소리에 대한 지각이 달라질 수 있다. 눈으로 보는 장면이 귀로 들리는 소리를 압도하게 되기 때문이다. 이를테면 소리가 나오지 않는 동영상에서 '가'라는 음절을 발음하는 입 모양을 보고 있는데, 동시에

'바'라는 음절을 발음한 소리를 덧입히면 엉뚱하게도 '다'라는 소리가 들린다. 유튜브에 맥거크효과와 관련된 흥미로운 영상이 많이 있으니 궁금한 사람은 찾아보기를 바란다.

이 같은 맥거크효과가 나타나는 이유는 우리의 기대치가 실제 지각한 정보보다 강렬하게 작동하기 때문이다. 눈으로는 어떤 기대를 가지고 관찰하는데 음성 정보가 다르다면 실제 정보에 우리의 기대를 덧씌우는 것이다. 즉 눈으로 보는 것과 귀로 듣는 정보가 서로 일치하지 않을 때 뇌는 두 가지를 조합해 전혀 다른 새로운 내용을 출력한다.

기대치가 지각을 왜곡하는 사례는 또 있다. 예컨대 사람들은 세상에서 벌어지는 다양한 일들을 기대하고 추측하며 살아간다. 갑작스러운 사고가 일어나더라도 비상구를 통해 건물 바깥으로 대피할 수 있을 것이라 기대하고, 자동차 주행 신호가 바뀌면 곧 보행 신호가 들어올 것이라 예상하고, 좋아하는 일을 하면 즐거울 것이라고, 열심히 일하면 인정받을 수 있을 것이라고 기대한다. 그리고 그 인과관계가 강할수록 더 적극적으로 기대를 덧씌우고 의심하지 않는다. 열심히 일해서 인정받지 못하는 것보다 위급한 상황일 때 비상구가 열리지 않으면 훨씬 당황스러운 법이다. 후자의 인과관계가 전자의 인과관계보다 강하기 때문이다. 기대치가 인지적 작용에 영향을 미치는 사례 가운데 가장 잘 알려진 것이 바로 '케임브리지대학교효과' 실험이다. 다음 문장을 한번 읽어보자.

케임브리지대학의 연결구과에 따르면, 한 단어 안에서 글자가 어떤 순서로 배되열어 있는지는 중요하지 않고, 첫 번째와 마지막 글자가 올바른 위치에 있는 것이 중하요다고 한다. 나머지 글들자은 완전히 엉진망창의 순서로 되어 있라을지도 당신은 아무 문제없이 이것을 읽을 수 있다. 왜하냐면 인간의 두뇌는 모든 글자를 하하나나 읽는 것이 아니라 단어 하나를 전체로 인하식기 때이문다.

사실 케임브리지대학에서는 이런 실험을 진행한 적이 없다. 그런데 항간에 떠도는 '가짜' 케임브리지대학 실험에 대한 '진짜' 케임브리지대학의 반응이 재미있다. 케임브리지대학교 뇌인지과학과 웹사이트에 관련된 내용을 실은 것이다. 웹사이트에는 인터넷에 떠도는 원본의 출처는 알지 못하지만, 뇌가 언어를 처리하는 방식에 관한 좋은 해답이 될 것이라며 몇 가지 연구 결과를 게재해놓았다. 웹페이지의 인터넷 주소도 재치 있다(http://www.mrc-cbu.cam.ac.uk/people/matt.davis/cmabridge/). 'cambridge'를 'cmabridge'라고 썼다.

'단어우월효과word superiority effect'라고 알려진 이 실험으로 확인할 수 있는 한 가지 분명한 사실은 기대치가 인지 체계에 분명한 영향을 미치고 있다는 것이다. 그래서 정확한 음성 정보를 듣고 싶다면, 인지 체계에 영향을 미칠 수 있는 시각 정보를 제거해야 한다. 눈을 감고 귀로만 들으면 상대가 말하고자 하는 바를 더 명확히 이해할 수 있다. 더빙된 영화를 볼 때 음성과 영상의 싱크가 조금이라도 맞지 않으면 몰입이 어려운 이유가 바로 우리의 기대와 정보가 일치하지 않기 때문이다.

'고요 속의 외침'이라는 게임을 떠올려보자. 시끄러운 노래가 나오는 헤드폰을 낀 상태에서 상대가 말하는 단어를 입 모양만 보고 맞혀야 한다. 이때 가장 흔하게 벌어지는 해프닝은 정답을 맞혀야 하는 사람이 잘못된 기대에 집착한다는 점이다. 문제를 내는 사람이 큰 소리로 "화질이 좋아"라고 아무리 외쳐도 입 모양만 보는 사람은 "완전 좋아해"라는 말에 집요하게 매달린다. 그러니 음성으로 전달된 내용을 정확히 인식하기 위해서는 귀를 제외한 다른 감각들은 차단하는 것이 좋다. 그런 의미에서 태연이 〈Happy〉에서 귓가에 대고 달콤한 말을 해달라고 하는 것은 심리학적으로 맥거크효과를 줄일 수 있는 매우 현명한 판단이다.

심리학에서 말하는
가장 이상적인 고백

먼 훗날이라 가정하고 현재를 떠올리면 지금의 사랑이 더 깊어질까? 사람들은 가까운 미래를 생각할 때 쓰는 언어와 먼 미래를 생각할 때 쓰는 언어가 다르다. 시간적 거리가 가까울 때는 구체적이고 세부적인 사고를 하고 그에 맞는 언어를 사용하는 경향이 있지만, 시간적 거리가 멀면 자연스럽게 추상적인 큰 틀에서 생각한다.

　3년 후에 해외여행을 떠난다고 가정하고 인천국제공항을 떠올려보자. 머릿속에 어떻게 그려지는

가? 그저 인천 영종도에 있는 큰 건물 정도로 인식될 것이다. 반대로 이렇게 생각해보자. 급하게 해외 출장이 잡혔는데 지금 당장 출발해야 비행시간에 늦지 않는다. 이제 인천국제공항을 떠올려보자. 급하게 출국해야 하는 시점에서 인천국제공항은 더 이상 추상적인 큰 건물이 아니다. 수하물 위탁에, 출입국심사에, 출국장까지 세세하게 공항 내부 동선이 구체적으로 그려지지 않은가?

듀크대학교에서 심리학과 행동경제학을 가르치는 댄 애리얼리Dan Ariely 교수는 학기초에 학생들에게 몇 가지 과제를 내면서 제출 기한을 스스로 정하게 했다. 그 결과 과제 제출 기한을 비교적 짧게 정한 학생들의 과제는 학기말에 임박해 제출 기한을 정한 학생들의 과제에 비해 질적으로 우수했다. 과제 제출 기한을 학기말로 정한 그룹은 그 기한이 먼 미래처럼 느껴져 대략적인 틀만 잡아놓았기 때문에 현재의 과제 계획과 실행의 구체성이 떨어졌던 것이다.

그래서인지 먼 미래라고 하면 막연하게 느껴

져 인생의 중요한 과제나 저축과 같은 장기적인 계획을 미루기 일쑤다. 그렇다고 그러한 비전이나 계획이 의미 없는 것은 아니다. 사람들을 가슴 뛰게 하는 것은 오늘 당장 할 일이 아니라, 미래의 내가 꿈꾸는 모습에 대한 상상이기 때문이다. 그렇다면 미래 비전의 장점을 살리면서 미래를 좀더 구체적으로 생각하게 만드는 방법은 없을까?

먼 미래를 막연한 미래로 두지 않게 하면 된다. 즉, 먼 미래 시점의 모습을 구체적으로 상상할 수 있게 하면 된다. 예를 들어 은퇴 이후의 삶을 위해 사람들이 더 많은 투자나 저축을 하게 만들려면 어떻게 하면 좋을까? 심리학자들이 찾은 답은 사람들에게 각자의 미래 모습을 보여주자는 것이었다. 다시 말해 사람들이 자신의 나이 든 얼굴 사진을 보면 은퇴 이후의 삶을 더 절박하게 인식하게 되어 노후에 대한 투자를 늘릴 것이라 판단했다.

그중 인지심리학자 대니얼 골드스타인Daniel Goldstein이 런던비즈니스스쿨London Business School 교수 시절에 한 연구는 매우 독창적이었다. 골드스타인 교수 팀은 '미래 자아future self'를 구체적으로 상상하면 현재 저축을 늘릴 수 있다는 사실을 매우 창의적인 실험설계로 입증했다.

연구팀은 먼저 실험 참가자들의 실제 사진으로 아바타를 만들었는데, 하나는 현재 모습의 아바타였고 다른 하나는 70세가 되었을 때의 아바타였다. 그리고 참가자들에게 1,000달러를 준 뒤 네 가지 선택안에 분배해달라고 했다. 참가자들은 (a) 누군가를 위해 좋은 선물을 하거나 (b) 은퇴자금을 마련하기 위해 펀드에 넣거나 (c) 현재의 즐거움을 위해 쓰거나 (d) 입출금통장에 넣어둘 수 있었다. 다만 분배 비율을 결정하기 전에 연구팀이 미리 만들어둔 아바타를 보아야 했다. 흥미로운 점은 참가자들이 현재 모습의 아바타를 볼 때보다 70세 모습의 아바타를 볼 때 (b)에 넣는 금액이 크게 높아졌다는 사실이다. 현재 모습의 아바타를 볼 때는 평균 80달러를 (b)에 넣겠다고 한 반면에, 70세의 아바타를 볼 때는 평균 172달러를 (b)에 넣겠다고 답했다. 두 배 이상의 금액 차이를 보인 것이다. 참가자들은 단순히 미래를 떠올릴 때는 추상적인 사고를 했지만, 미래의 아바타 모습을 통해 노후가 현실감 있게 다가와 구체적인 사고가 가능해졌기 때문이다.

사랑 고백을 할 때도 이 같은 점을 염두에 두면 좋다. 〈화려하지 않은 고백〉에서 화자는 자신의 고백은 그다지 화려하지 않지만 앞으로의 길고 긴 시간 동안 사랑하겠노라고 다짐한다. 이 같은 고백은 추상적인 다짐일 뿐이다. 따라서 그 약속이 지켜질지 크게 신뢰하기 어렵다. 하지만 먼 훗날 나이 든 자신과 연인이 작은 입맞춤을 하는 모습을 상상하는 것은 그 약속을 지킬 수 있는 최선의 대안 중 하나다. 그런 의미에서 〈화려하지 않은 고백〉은 제목 그대로 화려하지 않고 내세울 것 없는 고백인 것은 맞지만, 심리학적으로는 완벽한 고백이라 할 수 있다.

♫ 규현 | 화려하지 않은 고백

○.

꽃은 언제부터
　　　사랑을 상징했을까

꽃을 여성의 이름으로 부르는 것은 매우 오래된 전통이다. 영어권의 '데이지' '릴리' '로즈', 드라마 〈동백꽃필 무렵〉의 '동백', 일본 애니메이션의 한국어 더빙 버전 〈명탐정 코난〉의 '홍장미'가 대표적이다. 역사적으로 아름다운 여성의 이름을 꽃 이름에 가져다 쓴 사례도 있다. 당 현종의 후궁이었던 '양귀비'가 그렇다. 여담이지만 양귀비꽃을 양귀비의 이름으로 부르는 나라는 우리나라밖에 없다. 양귀비는 중국어로 '잉쑤罌粟'이고, 북한에서는 '아편꽃'이라고 부른다.

문학에도 여성을 장미에 비유한 장면이 자주 등장한다. "이름이 뭐가 중요할까? 그 어떤 이름으로 불리더라도 장미는 똑같이 달콤할 것을." 이 구절은 그 유명한 『로미오와 줄리엣』의 명대사다. 셰익스피어의 또 다른 작품인 『십이야』에도 "여자는 온전한 꽃으로서 장미와 같다. 꺾여서 보여지고 나면 몇 시간 뒤 금방 시들어버리는"이라는 비슷한 표현이 나온다.

진화심리학자들은 여성다움과 꽃을 연결 짓는 이 같은 인간의 행위가 진화적 기원을 갖는다고 주장한다. 인간이 꽃을 좋아하는 것은 좋은 파트너를 찾아내려는 노력의 흔적이며, 이러한 진화의 산물이 인류의 DNA에 각인되어 있다는 것이다. 인류의 조상은 종족보존을 위해 건강한 파트너를 가려내야 했고 생존을 위해서는 잘 익은 열매를 선택하는 능력이 필요했다. 그러므로 자연에서 오는 성숙함의 신호를 민감하게 받아들이는 것은 종족보존과 생존에 매우 중요했다. 잘 익고 싱싱한 것을 선호하고 덜 익거나 지나치게 익어 썩은 것에 대한 경계는 생존에 필수적인 심리적 기제인 것이다.

예일대학교 심리학과 줄리 황Julie Huang 교수와 존 바그John Bargh 교수 팀은 18세부터 58세의 남녀를 두 그룹으로 나눈 뒤 한 그룹은 연애 감정을 자극하는 소설을 읽게 하고 다른 그룹은 건물 인테리어를 묘사하는 글을 읽게 했다. 그리고 아역부터 성인 역까지 활약한 제인 위더스Jane Withers라는 배우의 사진 네 장을 보여준 뒤 가장 마음에 드는 사진을 선택하도록 했다. 각 사진에는 위더스의 어릴 때부터 노년에 접어들 때까지 인생 단계가 담겨 있었다. 소설에 감정이입을 한 그룹은 배우의 젊은 시절 사진에 대한 선호가 컸던 데 반해, 미성숙한 어린 시절이나 노년의 사진에 대한 선호는 매우 약했다. 그 반면 인테리어에 관한 글을 읽은 그룹은 어린 시절이나 노년의 사진을 선택한 비율이 소설을 읽은 그룹에 비해 월등히 높았다.

연구팀은 이번에는 소설을 읽은 그룹에게 바나나의 매력도를 평가해달라고 했다. 연구팀은 생애주기에 맞춰 초록색, 노란빛의 초록색, 완전한 노란색,

검은 반점의 바나나, 이렇게 네 가지를 준비했다. 연애 감정의 여운이 남아서인지 참가자들은 유독 완전한 노란색에 집착했다. 사랑의 감정만 떠올려도 성숙함에 관한 선호가 커졌던 것이다.

그런데 생물이 아닌 인공물에도 성숙한 것에 대한 선호가 분명할까? 젊고 예쁜 그리고 성숙함에 대한 선호가 진화적인 기제라고 가정한다면, 이러한 심리적 기제는 생물에만 적용되는 것이지 인공물에는 적용되지 않아야 할 것이다.

연구팀은 마지막으로 이를 확인하기 위해 두 그룹에게 꽃과 자동차 사진을 평가해달라고 했다. 제조 중인 차, 조립라인에서 막 나온 신차, 튜닝을 하고 광택 나게 잘 관리한 차, 녹슬기 시작한 차 사진 네 장과, 꽃봉오리만 있는, 절반쯤 핀 꽃, 활짝 핀 꽃, 시들기 시작한 꽃 사진 네 장을 준비했다. 흥미롭게도 연애 감정에 젖어든 그룹은 만개한 꽃 사진에 관한 선호도는 매우 분명했으나, 차량 선택에서는 그렇지 않았다. 오히려 신차나 올드카 느낌의 차를 좋아하는 비율이 잘

꾸민 상태의 차보다 더 높았다.

　케이윌의 〈Love Blossom〉 속 화자도 이 같은 심리적 기제를 잘 알고 있는 듯하다. 화자는 "팝콘 같은 꽃잎이 저 높이" 나는 봄날에 사랑하는 연인에게 더 아름다울 수 없다고 고백한다. 꽃은 성숙해 만개했을 때 꽃잎을 날리고, 노랫말 속 화자에게 날아가는 꽃잎은 곧 사랑하는 연인이다. 꽃이 곧 그대가 되는 것은 우리 마음이 연애 감정에 부풀어 오를 때 가능한 심리적 기제다. 그리고 그러한 사람의 심리적 기제에는 생존과 종족보존을 위해 더 나은 전략을 찾아 갈망하던 우리 조상의 본능이 담겨져 있다. 그래서 〈Love Blossom〉은 연애 감정이 충만한 사람들에게 특히 명곡으로 느껴지는 법이다.

♫ 케이윌 | Love Blossom

○.
사랑은 아픔일까,
치유일까

우리에게는 나자레스Nazareth의 노래로 알려진, 에벌리 브라더스The Everly Brothers의 〈Love Hurts〉는 사랑을 아픔이자 상처라고 노래했다. 그런데 사랑의 다른 이름이 아픔이 맞을까?

우리의 뇌는 사랑 고백에 실패했거나 실연, 따돌림 등으로 인한 사회적 고통과 두통이나 살이 찢기는 아픔과 같은 신체적 고통을 구분하지 못한다. 두 고통을 관장하는 뇌 부위가 똑같기 때문이다.

1970년대 후반, 정서신경과학affective neuroscience

의 창시자이자 심리학자인 야크 팬크세프Jaak Panksepp
교수는 동물들의 사회적 애착을 연구하다 흥미로운
현상을 발견했다. 새끼 강아지를 어미와 떨어뜨려놓
자 새끼는 어미를 찾아 종일 울부짖었다. 그런데 새끼
에게 극소량의 모르핀을 주입하자 새끼의 애타는 울
부짖음이 사라졌다. 신체적 고통을 줄여주는 모르핀
이 심리적 고통을 완화하는 데도 도움이 된다는 것을
발견한 최초의 연구였다.

이후 팬크세프 교수는 원숭이, 기니피그, 쥐, 닭
등을 대상으로 같은 실험을 진행해 동일한 효과를 입
증했다. 하지만 이 실험을 사람에게 적용하기에는 너
무나도 비윤리적이었기 때문에 차마 시도하지 못했
다. 아무리 연구가 중요해도 엄마와 아기를 떼어놓은
뒤 아기에게 모르핀을 놓을 수는 없었던 것이다.

시간이 흘러 UCLA의 뇌과학자 매슈 리버먼
Matthew Lieberman과 심리학자인 그의 아내 나오미 아이
젠버거Naomi Eisenberger는 팬크세프의 실험을 바탕으
로 사람을 대상으로 한 임상실험에 들어갔다. 그들이

설계한 실험 과정은 다음과 같다.

fMRI 기계에 사람이 들어가면 '사이버 볼Cyber ball'이라는 게임이 시작되었는데, 세 명이 한 조가 되어 공을 주고받는 아주 단순한 게임이었다. 처음에는 서로 사이좋게 공을 주고받다가 어느 순간 실험 대상자를 배제한 채 둘이서만 공을 주고받았다. 실험 참가자는 다른 두 사람과 게임을 하는 것이라 생각하고 있었지만, 사실 그 두 사람은 컴퓨터프로그램이었다. 연구팀은 이때 소외당한 사람의 뇌가 어떻게 변하는지 관찰했다.

실험 결과 소외당한 사람의 뇌에서 전측대상회피질이, 엄밀하게 말하면 정확한 부위는 배측 전측대상회피질이 반짝거리기 시작했다. 이 부위는 다른 사람에게 맞아 아픔을 느끼게 되면 활성화되는 뇌 영역과 동일하다. 즉, 물리적 통증과 소외로 인한 사회적 아픔은 동일한 뇌 부위에서 인식한다는 사실이 밝혀진 것이다.

또한 아이젠버거는 타이레놀(아세트아미노펜)과

같은 진통제를 복용하면 신체적 고통이 완화되는 것처럼, 진통제가 실연의 아픔을 줄여줄 수 있는지를 연구하기도 했다. 실험 결과는 그의 예상대로였다. 타이레놀과 같은 진통제를 복용한 사람들은 실연의 아픔, 배신의 고통, 따돌림의 상처를 더 잘 극복했다. 두통에도 타이레놀이 맞지만, 실연에도 타이레놀이다.

인간은 때로는 신체적 고통보다 사회적 고통에 더 민감하게 반응한다. 사회적 동물인 인간이 생존하는 데 자신에 대한 타인의 오해와 편견으로 인한 고통이 육체적 아픔보다 더 중요했기 때문이다. 우리는 사고를 당해 병상에 누워 있는 사람에게 술을 먹이지 않는다. 그런데 사회적 상처를 입은 사람에게는 술을 권한다. 술이 잠시나마 고통을 망각하게 도와줄 수 있을지 모르지만, 근본적인 고통을 치유하지는 못한다. 실연의 상처, 배신의 고통, 동료의 따돌림도 신체적 고통을 치유할 때처럼 잘 먹고 잘 쉬면 된다. 죽을 만큼 고통스러우면 진통제 한 알을 먹는 편이 더 나을 수 있다.

그러니 이루지 못한 사랑이 신체적 고통에 버금가는 아픔인 것은 맞다. 그렇다면 현재 하고 있는 사랑 또한 아픔일까, 아니면 치유가 될 수 있을까?

결론부터 말하면 현재의 사랑은 치유가 될 수 있다. 고통은 사랑이라는 감정으로 조절할 수 있기 때문이다. '엄마 손은 약손'은 감정을 조절해 고통을 줄이는 대표적인 지혜다. 그리고 연인 간의 사랑으로도 고통을 극복할 수 있다. 한 실험에서 여성들에게 오른쪽 손등에 레이저를 쏘아서 신체적 고통을 가했다. 그러고 나서 사랑하는 사람의 존재만으로도 이들의 고통이 감소되는지 관찰했다. 실험 결과에서 가장 흥미로웠던 사실은 여성들이 연인의 손을 잡을 때와 연인의 사진을 볼 때의 반응이 달랐다는 것이다. 두 경우 모두 여성들의 고통이 감소했다. 그러나 아이러니하게도 고통 감소 효과는 연인의 사진을 볼 때 더 컸다. 실제 자신의 곁에 있는 것보다 어디선가 자신을 응원하고 있을 연인의 존재를 더 가치 있게 받아들였다는 뜻이다. 사진을 볼 때는 연인에게 받을 여러 위로를 상상하는 것으로 고통을 크게 감소시킬 수 있었지만, 막상 옆에 있는 연인의 존재가 고통을 완화하는 데 큰 도움이 되지 않았다. 그리고 사람에 따라 연인이 곁에 있을 때 오히려 더 큰 고통을 호소하는 경우도 있었다. 소위 말해, 엄살이 늘어난 것이다. 엄살이 늘 때는 시상이나 해마와 같은 뇌 부위가 활성화되었다.

그렇다면 어떤 사람들이 엄살이 늘었을까? 이는 사람의 성격과 관계의 종류에 따라 달랐다. 성격 특성 중에서는 외향성이 핵심이었다. 외향형들은 연인과 함께 있을 때 엄살이 늘었지만, 부모, 형제자매, 친한 친구가 곁에 있을 때는 고통이 감소했다. 외향형들은 연인 앞에서는 아기가 되었고, 부모, 형제자매, 친구 앞에서는 고통을 감수하는 의젓한 모습을 보였다.

사랑의 다른 이름이 아픔이라는 것은 헤어진 사랑에게도, 현재 사랑에게도 맞는 말이다. 헤어진 사랑은 누구에게나 큰 아픔이다. 하지만 현재 사랑이 신체적 아픔을 배가하는 경우는 외향형에게만 해당된다. 외향형에게 현재 고통은 곁에 있는 연인으로 인해 더 커질 수 있다.

 ♫ The Everly Brothers | Love Hurts

○.

사랑했던 기억들이

　　　바래지는 이유

상대방의 이름은 잊어도 얼굴은 기억한다. 인간의 인지능력 가운데 가장 탁월한 것이 바로 얼굴을 기억하는 능력이다. 왜냐하면 인간은 주로 얼굴을 통해 소통하기 때문이다. 기본적으로 사람의 얼굴에는 많은 정보가 담겨 있다. 따라서 성별, 나이, 감정, 주의, 태도, 건강에 관한 정보에 이르기까지 얼굴에 있는 다양한 신호를 잘 해석해야 원활한 의사소통이 가능하다. 얼굴에 나타난 정보가 중요하다 보니, 관상가처럼 얼굴에 모든 정보가 있다고 믿는 사람도 있다. 이런 사람들

중 일부는 얼굴을 통해 성격, 지능, 심지어 수명을 포함한 운명까지 알아내려는 어리석음을 범하기도 한다.

얼굴이 중요한 소통 수단이어서인지 얼굴에 가장 많은 근육이 몰려 있다. 우리는 무려 80여 개의 얼굴근육으로 다양한 표정을 만들어 자신의 감정을 타인과 끊임없이 주고받는다. 얼굴이 소통 수단이라는 것을 증명하는 또 다른 증거는 인간이 다른 동물과 달리 흰자위가 차지하는 비율이 검은자위에 비해 크고 대비도 뚜렷하다는 데 있다. 이는 영장류에게서도 볼 수 없는 인간만의 고유한 특징이다. 흰자위가 넓으면 더 넓은 시야를 확보할 수 있다는 장점이 있다. 하지만 사냥감을 노리고 있거나 중요한 물건을 숨겨두었다면 자신의 관심사나 목표가 노출될 위험도 그만큼 커진다. 그럼에도 인간의 눈에서 흰자위가 넓은 것은 시선을 통해 타인과 의사소통하고 감정을 교류하며 얻는 이득이 더 크기 때문이다. 이처럼 인간은 타인의 시선에 민감하게 설계되어 있기 때문에 대화 중에 상대의 시선이 조금만 움직여도 반사적으로 반응한다. 인간의 이런 특성을 잘 이용하는 뛰어난 농구선수는 요란한 동작이 아닌 시선만으로도 페이크fake를 준다.

누군가에게 매력적으로 보이고 싶을 때도 가장 중요한 신체 부위는 다름 아닌 눈이다. 여성이 눈 화장을 하면 하지 않았을 때에 비해 남성들이 느끼는 매력도는 40~80퍼센트까지 높아진다. 눈과 눈동자의 크기가 이성에게 호감을 일으키는 매력 중의 하나로 작용하기 때문에 마스크 착용이 의무화되던 시기에 '마기꾼'이라는 말은 괜히 유행한 것이 아니다.

또한 큰 눈에 대한 선호가 높은 이유는 큰 눈이 젊음을 상징하기 때문이다. 나이가 들수록 피부 탄력이 떨어져 눈꺼풀이 처지면 눈이 작아진 것처럼 느껴진다. 게다가 흥분 상태에서는 눈과 동공이 확대된다. 흥분은 전염이 잘되는 감정이기 때문에 흥분된 상태에서는 상대를 유혹하기도, 상대를 흥분시키기기도 쉽다.

더군다나 누군가의 나이를 추측하라고 했을 때, 피부 상태만으로는 대략 60퍼센트의 확률로 나이를 맞히지만, 얼굴을 보면 95퍼센트의 정확도를 보인다. 얼굴에 다양한 정보가 담겨 있기에 가능한 것이다. 원활한 소통을 위해서는 얼굴 정보를 빠르고 정확하게 해석하는 기제가 필요했기 때문에 뇌는 얼굴 정보에 특히 민감한 부위를 발달시켰다. 대뇌 측두엽 아래에 있는 '방추형 얼굴 영역'이라는 곳인데, 이곳과 더불어 바로 옆 시각피질에 있는 신경세포 역시 얼굴에만 민감하게 반응한다. 이 부분에 손상을 입는다면 '얼굴인식불능증prosopagnosia'에 빠진다.

　아주 흥미로운 점은 얼굴에 나타난 정보만을 처리하는 뇌 속의 얼굴 인식 모듈이 눈, 코, 입의 위치에 아주 민감하다는 사실이다. 이 때문에 우리는 눈, 코, 입의 작은 변화로도 인상을 바꿀 수 있고 상대의 눈, 코, 입의 변화를 다른 신체적 변화에 비해 쉽게 알아차릴 수 있다. 때로는 이 얼굴 인식 모듈 때문에 살아 있는 동물이 아닌 초코칩쿠키나 전기 콘센트 구멍을 얼굴로 인식하기도 한다.

　눈, 코, 입이 있는 생물이 아닌 무생물의 것에서

인간의 얼굴을 찾아내는 현상을 '파레이돌리아pareidolia' 라고 한다. 파레이돌리아는 구름에서 사람이나 동물의 형상을 찾아내는 것처럼 불분명하고 불특정한 자극(현상, 소리, 이미지 등)에서 특정한 의미를 추출해내려는 심리 현상을 말한다. 그런데 파레이돌리아 현상이 나타나려면 어디까지나 눈, 코, 입의 위치가 그 자리에 있어야 한다. 위치가 달라지면 파레이돌리아 현상은 사라진다.

심지어 사람의 얼굴에서조차 눈, 코, 입의 위치가 바뀌면 얼굴 인식 모듈이 작동하지 않는다. 다음 〈모

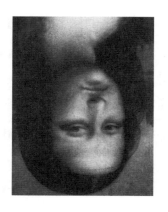

나리자〉그림에서 모나리자의 표정을 살펴보자.

웃는 얼굴인가, 찡그린 얼굴인가? 표정을 읽기 쉽지 않다. 그림이 뒤집혀 있으면 얼굴 인식 모듈이 작동하지 않기 때문이다. 그래서 위아래가 바뀐 사진으로는 사람의 얼굴이나 표정을 인식하기 어렵다.

그런데 〈모나리자〉를 뒤집으면 놀라운 반전이 나타난다. 아주 기괴한 표정의 모나리자가 우리 눈에 들어온다. 거꾸로 된 모습을 볼 때는 아무렇지도 않았는데 뒤집어보니 기괴하게 느껴진다. 뇌가 얼굴 인식 모듈이 아니라 사물을 인식하는 영역에서 정보를 처

리하기 때문이다. 사물을 인식하는 뇌 영역은 얼굴 인식 모듈과 달리 눈이나 입의 상하 반전에 민감한 심상을 만들어내지 못한다.

이러한 심리적 기제를 잘 살린 노래가 바로 이문세의 〈사랑이 지나가면〉이다. 노랫말을 보면 상대방을 그저 스쳐지났기 때문에 얼굴에 드러난 정보를 충분히 인식하지 못했을 가능성은 있지만, 그 사람을 거꾸로 봤을 리는 없다. 그렇다면 왜 헤어진 상대방은 나를 알아보아도 나는 기억하지 못했던 것일까? 물론 나도 이 노래에서 화자가 옛 연인을 진짜로 기억하지 못하는 것이 아니라 모른 척할 수밖에 없는 상태임을 잘안다. 하지만 문자 그대로 해석하자면 두 가지 이유 때문일 가능성이 크다.

첫 번째는 다른 인종이거나 민족이기 때문이다. 우리는 같은 인종이나 민족, 즉 '내집단in-group'의 사람들은 잘 구분하지만 '외집단out-group'에 속한 다른 인종이나 민족은 잘 구분하지 못한다. 서양 사람들은 한국인을 중국인이나 일본인과 잘 구분하지 못하지만 우리는 쉽게 구분할 수 있는 것처럼 말이다. 인간은 내집단 구성원의 얼굴 정보에 민감해야 공동체의 협력을 이끌어내고 호감과 신뢰를 얻을 수 있었다. 그러니 배우 '엠마 왓슨Emma Watson'과 '엠마 스톤Emma Stone'을 구분하지 못한다고 해서 자책할 필요는 없다. 외집단이기 때문에 그렇다. 하지만 여기에도 예외가 있다.

애리조나주립대학교Arizona State University 심리학과 조슈아 애커먼Joshua Ackerman 교수는 사람들이 외집단 구성원을 더 잘 구분하는 예외적인 상황을 규명했다. 연구팀은 백인 대학생들에게 흑인과 백인의 사진들을 보여주었다. 사진들 중 일부는 자연스러운 표정이었고 일부는 화난 표정이었다. 이어서 연구팀은 학생들의 주의를 돌리기 위해 5분짜리 영화를 보여준 뒤, 다시 여러 사진을 보여주면서 조금 전에 본 사진과 같은지 아닌지 질문했다. 그 결과 백인 대학생들은 자연스러운 표정의 사진은 내집단인 백인의 사진을, 화난 표정의 사진은 외집단인 흑인의 사진을 훨씬 더 잘 기억했다. 이 같은 결과가 나온 이유는 인간은 외집단의 위협을 내집단의 위협보다 더 심각하게 받아들이기 때문이다.

따라서 만일 〈사랑이 지나가면〉 속 가사의 연인이 다른 인종이나 민족이고 화난 표정이 아니라 평범한 표정으로 스쳐지나갔다면 못 알아보았을 것이다.

두 번째는 가창자가 남자이기 때문이다. 남성이 여성에 비해 얼굴에 대한 인식 능력과 기억력이 떨어지기 때문에 충분히 가능성 있다. 캐나다 토론토대학교 제니퍼 하이즈Jennifer Heisz 교수 팀은 여성이 남성보다 얼굴 인식 능력이 탁월한 이유를 연구한 바 있다. 연구팀은 그 이유가 얼굴을 볼 때 '눈 고정eye fixation' 횟수의 차이에 기인한 것임을 밝혀냈다. 여성들은 남성들에 비해 얼굴을 기억할 때 더 많은 스캐닝을 했다. 연구팀은 타인으로부터 협력과 호감을 끌어내는 것은 남성에 비해 여성에게 더 많이 필요한 생존 법칙일 수 있다고 설명한다.

사실 이 현상은 우리 집에서도 종종 일어나는 일이다. 나는 드라마나 영화에 나온 연예인이 예능에 나오면 못 알아볼 때가 많다. 그때마다 아내의 타박을 듣기도 하는데, 그렇다고 해서 여성이 남성보다 얼굴을 볼 때 더 많이 스캐닝하기 때문이라고 일일이 대응하지 않는다. 그저 아내의 탁월한 얼굴 인식 능력을 칭찬하고 넘어간다. 아내가 자랑스러워하는 능력을 굳이 깎아내리고 싶지 않아서다. 여하튼 그런 의미에서 〈사랑이 지나가면〉은 여성보다는 남성이 불러야 과학적으로 옳다.

♬ 이문세 | 사랑이 지나가면

○.

겉에 있는데도
　　　　왜 멀게만 느껴질까

보고 싶은 감정이 강렬할수록 더 멀게만 느껴지는 까닭은 무엇일까? 사람들은 어떤 대상이나 상황에 객관적 간극이 아닌 주관적인 거리감을 갖게 되는데, 이를 '심리적 거리psychological distance'라고 한다. 심리적 거리를 어떻게 조정하느냐는 인생의 다양한 사건을 다루는 데 매우 중요하다.

　　이를테면 명절이어서 1여 년 만에 만난 조카에게 학원 숙제는 다 했냐는 식의 구체적인 질문은 삼가야 한다. 그럴 때는 공부는 잘하고 있냐는 추상적인 질문이 자연스럽다. 오랜만에 만난 조카와는 심리적 거리가 멀기 때문에 구체적이고 특수한 언어보다는 추상적이고 보편적인 언어를 구사해야 한다. 하지만 심리적 거리가 가까운 자녀에게 공부 잘되고 있냐고 묻는 것은 안 하느니만 못한 질문이다.

　이처럼 심리적 거리에 따라 달라지는 사고 체계를 '해석수준이론construal level theory'이라고 한다. 해석수준이론에 따르면, 자신과 타인(사회적 거리), 현재와 미래(시간적 거리), 자신의 위치와 물리적으로 떨어진 장소(공간적 거리), 실제 경험과 상상 경험(경험적 거리) 등의 심리적 거리를 어떻게 조정하느냐에 따라 일의 성패가 좌우된다고 한다.

　사회적 거리가 먼 CEO는 추상적이고 이상적인 화법을 구사해야 직원들의 업무 만족도를 높일 수 있지만, 사회적 거리가 가까운 직속상관은 구체적인 피드백으로 조직을 이끌어야 한다. 시간적 거리가 먼 비전은 추상적이어야 하지만, 시간적 거리가 가까운 업무 목표는 구체적으로 기술되어야 한다. 처음 운동을 시작할 때는 상위수준의 이상적인 몸매 이미지가 도움이 되지만, 매일 체육관에 나갈 때는 스쾃 100개와 같이 하위수준의 구체적인 계획이 중요하다. 출근하려고 집을 나설 때 생기는 공간적 거리는 우리가 집안일을 접어두고 업무에 집중하도록 하는 요인이 되기도 한다. 그래서 코로나19로 재택근무가 늘면서 사라진 회사와 집 간의 공간적 거리는 업무의 집중도를 떨어뜨렸으며, 이는 집안일에 기여가 큰 여성이 남성보다 더 큰 영향을 받았다는 연구 결과도 있었다.

한편 친숙한 대상이나 사건은 심리적 거리를 가깝게 만들기 때문에 하위수준의 구체적인 사고를 촉발한다. 흥미로운 사실은 친숙함이 꼭 자주 보아야 생기는 것이 아니라 사전 경험 없이도 생겨날 수 있다는 것이다. 뇌에서 대상이나 사건을 지각적, 인지적으로 쉽게 처리하면 친숙하다고 착각하기 때문에 노출 빈도와 무관하게 친숙함은 형성될 수 있다. 예를 들어 사람들에게 어떤 도시의 이름을 읽기 쉬운 활자체로 제시하면 지금 있는 장소에서 해당 도시까지의 거리를 가깝게 추정하고 그 도시에 관해 구체적으로 설명하는 반면, 어려운 활자체로 제시하면 멀게 느끼고 추상적으로 기술한다.

그래서 SG워너비의 〈아리랑〉을 들을 때면 안타까운 마음이 인다. 〈아리랑〉에서 "같은 하늘 아래 살아도"라는 표현은 매우 추상적인 묘사다. 이러한 표현은 심리적 거리를 멀게 할 뿐이다. 그럼 심리적 거리를 좁히려면 어떻게 해야 할까? 문득 보고 싶은 감정의 강렬함 등이 심리적 거리를 좁혀준다. 이를테면 졸업한 학교의 동창들을 만났을 때를 떠올려보자. 우리는 간혹 고등학교를 졸업한 일이 엊그제 같다며 느낄 때도 있고 아득하고 멀게 느낄 때도 있다. 엊그제 같다는 표현은 대개 고등학교 동창들을 만나 그 감정이 강렬하게 다가올 때다. 즉, 감정의 강렬함은 심리적 거리를 좁히는 요인이 된다. 수험생에게 시험일이 멀게 느껴지는 것은 실제 기간이 많이 남아서라기보다는 시험에 대한 불안과 걱정 같은 감정이 강렬하지 않기 때문일 때가 더 흔하다.

그런데 심리학적으로 〈아리랑〉을 제대로 음미하려면 강렬한 감정이 오히려 심리적 거리를 멀게 만들 때도 있다는 사실에 주목해야 한다.

콜로라도대학교 볼더캠퍼스University of Colorado Boulder 심리학 및 신경과학과 리프 반 보벤Leaf Van Boven 교수는 정서적 강도와 심리적 거리의 상관관계에 대해 연구한 바 있다. 연구팀이 검증한 대부분의 실험에서 정서적 강도가 심리적 거리를 줄여주었지만 예외는 있었다.

먼저 정서적 강도가 심리적 거리를 줄인 실험을 살펴보자. 연구팀은 실험 참가자들을 15분 뒤에 〈Whip It〉이라는 노래에 맞춰 춤을 추어야 하는 그룹과, 관객 그룹에 배정했다. 그런 다음 대기시간이 7분 30초 지났을 때 두 그룹에게 남은 시간을 예측해보라고 했다. 대중 앞에서 춤을 추어야 하는 압박감으로 감정이 고조되었다면 남은 시간을 짧게 예측할 것이고, 상대적으로 감정의 동요가 없다면 남은 시간을 길게 예측할 것이다. 실험 결과 춤을 추어야 하는 그룹은 남은 시간을 짧게 느낀 반면, 관객 역할을 맡은 그룹은 남은 시간을 길게 추정했다. 실험에서 증명되었듯이 감정의 강렬함은 심리적 거리를 좁힌다.

이제 강한 감정이 오히려 심리적 거리를 멀게 만드는 상황을 보자. 후속 실험에서 연구팀은 대기시간 중간에 참가자들에게 고래 울음소리를 들려주었다. 이때 누군가에게는 고래 울음소리가 사람에게 미치는 영향이 전혀 없다는 말을 전했고 또 다른 누군가에게는 고래 울음소리가 불안과 공포감을 자극한다는 잘못된 정보를 전했다. 후자의 정보가 과학적 근거가 있는 것은 아니었다.

그럼에도 이러한 정보를 접한 참가자들은 자신이 느끼는 불안이 무대공포증 때문인지, 아니면 고래 울음소리 때문인지 헷갈리게 된다. 실험 결과 춤을 추어야 했던 그룹은 심리적 거리를 멀게 느꼈다. 다시 말해, 현재 느끼는 불안이 자신에게 원인이 있는 것이 아니라 외부에 있다고 믿어 대기시간이 줄어드는 것에 대한 초조함이 사라지고 오히려 심리적 거리를 더 멀게 인식하게 된 것이다. 어떤 현상의 원인을 오귀인misattribution할 때, 사람들이 인식하는 심리적 거리는 반대로 바뀔 수 있다.

따라서 이러한 심리적 현상을 적극적으로 활용하면 성과를 높일 수도 있다. 중요한 프레젠테이션을 앞두고 극도의 긴장감을 느낀다면, 그 원인을 불안과 공포가 아닌 설렘과 흥분 때문이라고 귀인하면 더 좋은 결과를 이끌어낼 수 있다.

다시 〈아리랑〉으로 돌아가보자. 보고 싶은 감정이 강할수록 심리적 거리는 좁혀지기 마련이다. 하지만 이 노래의 화자는 오늘도 상대방을 기다리며 그리워하지만, "같은 하늘 아래 살아도 다시는 못 볼 사람"이라며 심리적 거리를 멀게 묘사한다. 아마도 이별의 원인이 오롯이 자기 탓이 아님에도 자신을 자책하는 잘못된 원인 탐색이 심리적 거리를 멀게 인식하게 만든 듯하다. 자신을 자책하며 헤어진 상대방의 행복만을 바라는 마음도 이해되지만, 때로는 남 탓이 정신 건강에 이로울 때도 있다. 너무 힘들고 괴로울 때 지나친 자책은 심리적 회복을 더디게 하고 힘들게 만들 뿐이다.

0.

결핍의 또 다른 이름,

집착

〈사랑은 늘 도망가〉라는 노래를 처음 들었을 때, '과연 그럴까?' 하는 생각이 들었다. 결론부터 말하자면, 사랑이 결핍되면 그럴 수 있다. 결핍은 우리의 마음을 사로잡고, 우리의 사고방식을 송두리째 바꾸어놓는다.

　　제2차 세계대전 말기에 연합국 병사들은 독일군 점령지를 탈환하는 과정에서 수없이 많은 아사 직전의 전쟁 난민들을 만나게 되었다. 다행히도 연합국이 난민들에게 제공할 식량은 넉넉했다. 그러나 연합국이 정작 당면한 문제는 생물학적, 영양학적 차원에 있었다. 굶어 죽기 직전의 사람들이 원하는 대로 실컷 먹게 해주는 것이 옳은 것인지, 서서히 섭취량을 늘리는 것이 옳은 것인지 등 가장 안전하게 전쟁 난민들의 건강을 회복시킬 방법에 관한 아무런 지식이 없었기 때문이다.

이에 미네소타대학교University of Minnesota 연구팀이 답을 찾기 위한 실험에 돌입했다. 다행히 희생정신이 투철한 건강한 지원자들이 나타났고, 연구팀은 이들의 신체가 항구적으로 손상되기 직전까지 굶겼다. 그런 뒤에 연구팀은 음식물 섭취량에 따라 신체적 반응이 어떻게 나타나는지 분석했다. 이 연구는 전쟁 난민들의 건강 회복에 큰 도움을 주었고, 미네소타대학교 연구팀과 실험 참가자들의 영웅적인 이야기는 『굶주림의 생물학The Biology of Human Starvation』이라는 책을 통해 소개되었다.

실험이 끝난 후, 참가자 36명에게서 기이한 변화가 나타났다. 우선 실험에 참가하기 전에는 매우 건강했던 이들의 신체가 쇠약해질 대로 쇠약해졌다. 그러나 더 놀라운 변화는 이들의 생각 구조에 있었다. 이들은 이전과는 아주 다른 사람처럼 생각하기 시작했다. 실험이 종료되었음에도 메뉴판이나 요리책에 집착했고, 마트에서 채소와 과일의 가격을 살피느라 몇 시간을 허비하기도 했다. 실험 전에 학자를 꿈꾸던 사람은 학업을 중단하고 요리책에 심취했으며, 새로 농사지을 땅을 알아보는 사람들도 생겨났다. 한마디로 결핍을 경험한 사람들의 뇌는 오로지 결핍된 대상에만 초점이 맞추어져 있었다.

이런 현상이 과연 이 36명에게서만 나타난 우연이었을까? 프랑스 니스소피아앙티폴리스대학교 Université Nice Sophia Antipolis 심리학과 레미 라델Rémi Radel 교수는 이 질문에 답하기 위해 한 가지 실험을 진행했다. 연구팀은 실험 참가자들 가운데 절반은 굶기고 나머지 절반은 식사를 하게 한 뒤, 단어 맞추기를 시켰다. 굶은 사람들은 허기 때문에 집중력이 저하되어 전체적으로 성과가 저조했다. 하지만 음식과 관련된 단어를 맞출 때만큼은 달랐다. 식사를 한 그룹보다 훨씬 좋은 성적을 거두었다. 연구팀은 결핍을 경험한 사람들의 뇌는 무의식적으로 결핍을 야기하고 결핍된 대상을 다른 어떤 것보다 우선적으로 포착하게 된다고 결론 내렸다.

실제로 가난한 집 아이들은 동전의 크기를 실제보다 훨씬 크게 추정한다. 심지어 연구팀이 동전을 가져다주어 살펴보게 했음에도 아이들은 동전의 크기를 실제보다 더 크게 생각했다. 아이를 갖고 싶어도 갖지 못한 부부들은 세상에 아이들이 왜 그렇게 많은지 모르겠다고 생각하고, 집이 없는 사람들은 우리나라가 아파트 공화국이라고 생각한다. 마찬가지로 사랑에 실패한 사람들은 사랑에 집착하고, 이들의 눈에는 다정하게 함께 손을 잡고 길을 걷는 연인들만 보인다.

결핍을 유발한 대상을 최우선으로 여긴다는 사실은 장점이 될 수도 있고 단점이 될 수도 있다. 배고픈 사람들이 음식 관련 단어에 집중하듯이, 무언가에 집중해 성과를 높일 수 있다는 장점이 있다. 그 반면에 단점은 오직 그것만 생각하기 때문에 인식의 왜곡이 일어나고, 다른 대안을 고려하지 못한다는 데 있다. 인식의 왜곡은 앞서 이야기한 동전 실험을 떠올리면 이해하기 쉬울 것이다. 그렇다면 다른 대안을 고려하지 못하는 이유는 도대체 무엇 때문일까?

간단한 실험을 해보자. 흰색으로 된 물체를 최대한 많이 떠올려보자. 이를테면 눈, 우유 같은 것 말이다. 또 어떤 것이 떠오르는가? 흥미로운 사실은 예시가 없었을 때보다 이와 같은 예시가 있을 때 사람들은 단어를 더 적게 떠올린다는 것이다. 심지어 예시 두 개를 포함해주어도 말이다. 흰색과 우유가 강한 연상으로 활성화되면 우유를 제외한 다른 사물의 연상이 억제되기 때문이다. 강한 연상의 대상인 우유는 어느새 머릿속에서 흰색의 대명사가 되어, 다른 흰색 경쟁자들의 등장을 무의식적으로 방해하기 시작한다. 그리고 억제는 마음이 즐거울 때가 아니라 슬프고 화날 때 발생한다. 다시 말해, 강한 연상이나 집착으로 억제된 마음은 결코 즐거운 마음이 아니다.

〈사랑은 늘 도망가〉에서 사랑이 늘 도망가는 이

유를 묻는다면, 그것은 사랑의 결핍으로 인해 상대방에게 집착하기 때문이다. 오직 사랑만 생각하기 때문에 사랑의 대상은 실제보다 훨씬 크고 중요하게 인식되고, 머릿속에는 온통 그 사람만 가득하게 된다. 아이러니하게도 머릿속에 가득한 그 사랑은 이제 다른 대안적 사랑들을 억제한다. 억제된 마음은 더 깊은 어두움으로 빠져들고, 어둡고 쓸쓸한 사람에게 마음을 먼저 내어줄 사람은 없다.

그럼 사랑이 도망가게 만들지 않으려면 어떻게 해야 할까? 노랫말에 나와 있듯이 기다림도 애태움도 다 버려야 한다. 의식적으로 집착에서 벗어나려고 해야 한다. 그런데 머리로는 답을 알아도 여전히 서성인다. 과연 다음 사랑은 도망가지 않을까? 안타깝게도 사랑을 놓칠까 움켜쥐려 한다는 노랫말을 보면, 또 달아날 것이 명백해 보인다. 사랑은 결코 결핍으로 채울 수 없다.

♬ 임영웅 | 사랑은 늘 도망가

○.

비가 오면
　　　왜 그 사람이 생각날까

나이가 들수록 인생의 낭만이 사라지는 듯하다. 온갖
세파에 시달리다 보니 어떤 때는 낭만이 사치처럼 여
겨지기도 한다. 그럼에도 내가 포기하지 못하는 것이
하나 있다. 바로 비가 내리는 날, 눈을 감고 빗소리를
듣는 것이다. 그 순간만큼은 머리를 어지럽히던 상념
이 비에 씻겨 내려가는 것 같아 마음이 차분하게 가라
앉기 때문이다. 나와 달리 내 오랜 친구 J는 비 오는 날
을 싫어한다. 평상시에는 아무렇지 않다가 비가 내릴
때면 문득 생각나는 사람이 있어서라고 한다. J와 같은

기분을 느끼는 사람들이 많아서인지 〈비도 오고 그래서〉 같은 노래는 비가 내리는 날이면 특히 인기다.

비가 올 때 생각나는 사람이 있는 것은 뇌의 '생각하는 회로'와 '느끼는 회로'가 상호작용하기 때문이다. 생각하는 뇌는 전전두엽피질이고 느끼는 뇌는 변연계limbic system다. 이 둘은 하나의 시스템처럼 긴밀하게 신호를 주고받으며 작동하기 때문에 함께 묶어 '전두-변연계fronto-limbic system'라 부르기도 한다. 즉 뇌과학적으로 생각하는 '인지'와 느끼는 '정서'가 상호 연결되어 있는 것이다.

비 오는 날, 그 사람이 생각나기 위해서는 인지와 정서 사이에 세 가지 조건이 충족되어야 한다. 첫째, 비 오는 날이라는 맥락과 그 사람과의 추억이 함께 입력되어야 한다. 둘째, 비가 내리는 지금의 기분과 과거 비가 내렸던 날의 기분이 일치해야 한다. 셋째, 그 사람에 관한 좋은 기억이 나쁜 기억보다 많아야 한다. 왜 그래야 하는지 지금부터 그 이유를 하나씩 살펴보자.

우선, 뇌는 기억이 입력되는 시점에 내용뿐 아

니라 주변 분위기와 같은 맥락을 함께 저장하는데, 이를 '맥락 부호화context encoding'라고 한다. 1975년 영국 스털링대학교University of Stirling 심리학자 덩컨 고든Duncan Godden과 앨런 배들리는 잠수부를 대상으로 어떤 단어는 물속에서, 또 어떤 단어는 땅 위에서 암기하도록 한 뒤 각자의 위치에서 그들의 기억력을 테스트했다. 잠수부들은 물속에서 외운 단어는 물속에서, 땅 위에서 외운 단어는 땅 위에서 더 잘 기억했다. 앞서 이야기한 것처럼 뇌는 저장해야 할 내용뿐 아니라, 주변의 맥락까지 함께 저장하기 때문이다. 그래서 회상해야 할 시점에 환경이 달라지면 인출이 잘 되지 않는다.

그런 의미에서 시험을 치를 때는 시험장은 물론이고 감독관을 비롯해 날씨, 소음 수준 등도 공부할 때와 비슷한 환경이어야 인출이 쉽다. 텍사스대학교 오스틴캠퍼스 심리학과 스티븐 스미스Steven Smith 교수팀은 첫날에는 학생들이 단어 암기를 하는 동안 정장을 입은 감독관이 지켜보게 했다. 그다음 날에는 반을 나누어 한 반에는 편한 복장을 한 감독관을, 다른 반에는 정장을 입은 감독관을 배치했다. 그 결과 감독관의 복장이 바뀐 반 학생들의 암기력이 떨어졌다는 사실을 발견했다.

지금 수능도 어렵지만, 과거 학력고사도 쉬운 시험은 아니었다. 시험의 난이도를 떠나 조건(맥락)이 전혀 다른 환경에서 시험을 치러야 했기 때문이다. 당시에는 지원한 대학 강의실에서 시험을 쳤는데, 지금 기억을 더듬어보아도 그때 가장 곤혹스러웠던 것은 난생처음 마주한 일체형 책상과 의자였다. 책상과 의자가 하나로 붙은 괴이한 모양을 그때 처음 보았다. 내가 졸업한 초중고등학교에는 그런 형태의 책상과 의자가 없었다.

아무튼, 〈비도 오고 그래서〉로 돌아가면 화자가 기억하는 그 사람과의 추억은 비 오는 날이라는 맥락과 함께 저장되었기에 비가 오면 그 사람이 생각났을 것이다.

그다음, 비 오는 날이라는 맥락뿐 아니라 사건

을 경험했을 때의 기분과 현재의 기분이 일치해야 기억이 잘 난다. 어떤 일을 경험할 당시의 기분이 인출 시점과 같으면 그 일이 더 잘 기억난다. 심리학에서는 이를 '기분일치효과mood congruence effect'라고 한다. 기분이 좋은 상태에서 한 경험은 같은 기분일 때 잘 기억나고, 불안한 상태에서 한 경험은 또다시 그러한 감정이 들 때면 떠오른다. 술을 마셨을 때 했던 말이나 행동은 술이 깨면 잊기 쉽지만, 술을 또 마셔 이전의 기분 상태로 돌아가면 다시 기억나는 일도 흔하다.

내가 주말마다 가는 테니스 클럽 멤버들의 이름은 사무실이나 강의실에서는 잘 생각나지 않지만, 주말에 그곳에 가기 위해 집을 나설 때면 쉽게 떠오른다. 소위 말하는 일타 강사들의 강의는 우선 재미있다. 워낙 재미있게 설명하다 보니 들을 때는 어려운 수학도 쉽게 느껴진다. 그런데 혼자 다시 복습하거나 문제를 풀 때는 수학이 결코 즐겁지 않다. 강의를 들을 때는 분명 쉽게 이해되었던 개념들도 전혀 다르게 다가온다. 바로 기분일치효과를 간과했기 때문이다. 실제

시험을 치를 때 고독하고 즐겁지 않을 것이 뻔하다면 공부할 때도 그러한 환경에서 할 필요가 있다.

　마지막으로, 그 사람과 함께했던 좋은 일과 나쁜 일이 있다면 사실 여부를 떠나 지금 기억에는 좋은 일이 더 많이 남아 있어야 한다. 사람들은 과거에 있었던 좋은 일과 나쁜 일 중에 어떤 것을 더 잘 기억할까? 대부분은 1년 전에 좋은 일과 나쁜 일이 각각 열 번쯤 있었다고 해도 현재 시점에서는 좋은 일을 더 쉽게 떠올리고 좋은 일이 더 많았던 것으로 회상한다. 일종의 기억의 편집 현상이 나타나는 것이다. 이를 '기억의 긍정성 편향positive memory bias'이라고 한다. 편향이 나타나는 이유는 지금 내가 좋은 사람이어야 하기 때문이다. 스스로 좋은 사람이라 여기기 위해서는 과거의 불편한 기억보다는 좋은 기억이 많아야 한다.

　또한 사람들은 과거 사건들을 현재 다시 떠올리면 그 당시보다 정서의 강도를 약하게 느낀다. 기억과 감정은 시간이 지나면 희미해지기 마련이다. 그런데 희미함의 정도는 부정 사건이 긍정 사건에 비해 더 크다. 현재 시점에서 예전의 기쁨은 당시만큼은 아니어도 여전히 기쁘다. 하지만 예전의 슬픔을 지금 떠올려보면 그때만큼 슬프지 않을뿐더러 심지어 그 당시의 아픔이 성장의 원동력으로 승화되는 경우도 흔하다. 오래전에 경험한 슬픈 고통은 더 빨리 잊히기에 '아픈 만큼 성숙'해지고, '젊어 고생은 사서도 한다'는 말이 가능한 것이다. 다만 간과해서는 안 되는 사실은 이런 말은 아픔을 당하고 고생을 하고 있는 시점이 아니라, 시간이 한참 지난 뒤에야 할 수 있다는 점이다. 그래서 현재 고통이나 아픔을 겪고 있는 사람에게 이런 생각을 강요할 수는 없다.

그런데 기억의 긍정성 편향에 한 가지 예외가 있다. 바로 우울 성향이다. 우울 성향이 높은 사람들은 그렇지 않은 사람들에 비해 과거 좋았던 일에 대한 긍정 감정이 더 많이 줄어들고, 과거 불쾌한 일에 대한 부정 감정은 덜 줄어든다. 다시 말해, 같은 사건을 경험하더라도 우울 성향이 높으면 긍정 사건을 덜 긍정적으로, 부정 사건을 더 부정적으로 기억한다.

헤이즈의 〈비도 오고 그래서〉 노랫말에는 원망이 없다. 노래를 부르는 시점에 이별의 부정적 경험은 약화되고 함께했던 긍정적 경험은 강화되었기 때문이다. 사실 지나간 사랑을 시간이 흘러 노래할 수 있다는 자체가 기억의 긍정성 편향 덕이다. 그리고 이 노래를 좋아하는 많은 사람 역시 기억의 긍정성 편향 상태이므로 공감하며 즐길 수 있는 것이다.

기억의 긍정성 편향에 관한 언어 연구 하나를 살펴보자. 기억의 긍정성 편향은 국가, 인종, 나이, 성별을 떠나 보편적으로 나타나는 현상으로, 버몬트대학교University of Vermont 수리통계학과 피터 셰리든 도즈Peter Sheridan Dodds 교수 팀은 사람들이 쓰는 언어를 분석해 이를 증명해냈다. 연구팀은 열 개 언어 10만 단어 이상을 영화, 노래, 책, 구글, 트위터 등에서 수집해 긍정·부정의 정서가valence를 분석했다. 정서가는 정서에 가치를 부여하는 것으로, 희열과 같은 강한 긍정 정서는 만족과 같은 약한 긍정 정서에 비해 더 높은 정서가를 갖는다. 그리고 분노와 같이 강한 부정 정서는 우울과 같은 약한 부정 정서에 비해 더 높은 정서가를 갖는다.

인간이 사용하는 대부분의 언어를 긍정·부정의 정서가로 분석해보면 평균보다 긍정 쪽으로 치우쳐 있다. 전 세계 사람들은 세상 어디에 있든 긍정 단어를 더 많이 쓰며 살아가고 있는 것이다. 다만 언어별로 편차가 있다. 스페인어나 포르투갈어를 쓰는 사람들이 가장 긍정적이고 한국어와 중국어를 쓰는 사람들은 상대적으로 부정적이다. 그렇다면 우리도 스페인어나 포르투갈어를 배우고 말하면 지금보다 조금 더 밝아질 수 있을까? 이 질문에 대한 답은 다른 연구자의 몫으로 남겨두자.

♬ 헤이즈 | 비도 오고 그래서

○.

첫눈에 반했다는
뻔한 거짓말

윤하의 〈첫눈에〉 노랫말처럼 첫눈에 운명의 상대를 알아보는 것이 가능할까?

우리는 처음 누군가를 만나는 순간 첫인상을 형성한다. 첫인상이 형성되는 데 걸리는 시간은 얼마나 될까? 베스트셀러 『블링크』에 나온 말처럼 2초일까, 아니면 그보다 긴 시간이 필요할까? 프린스턴대학교Princeton University 심리학과 제닌 윌리스Janine Willis 교수와 알렉산더 토도로프Alexander Todorov 교수는 첫인상이 형성되는 데 걸리는 시간을 연구했다. 결과는 놀랍게도 1,000분의 100초, 즉 0.1초면 첫인상이 좌우되었고, 심지어 상대방의 성격을 판단하는 데에도 충분한 시간이었다.

두 교수가 설계한 실험은 매우 간단하다. 실험에 참가한 사람들에게 컴퓨터 모니터를 통해 0.1초 동안 깜빡이는 사진을 보여주고 사진 속 인물의 정직성, 호감도, 공격성, 매력도, 유능함 등을 판단해달라고 한 뒤 그 결과를 사진을 오래 본 사람들이 평가한 결과와 비교하는 것이었다. 실험 결과 단 0.1초면 첫인상이 판가름 났고 두 집단 모두 비슷한 답을 내놓았다. 즉 얼굴 생김새에 바탕을 둔 첫인상은 매우 빠르게 형성된다는 것이다. 말 그대로 블링크의 순간에 말이다.

그렇다면 얼굴이 아니라 다른 정보로 판단하는 인상의 정확도는 어떨까? 텍사스대학교 오스틴캠퍼스 심리학과 새뮤얼 고슬링Samuel Gosling 교수는 기숙사에 사는 대학생 80명을 대상으로 빅 파이브Big Five 성격을 측정했다. 그리고 실험 참가자의 친한 친구들에게 참가자의 성격을 추측해보라고 했다. 친한 친구들은 참가자의 성격을 비교적 정확히 파악하고 있었다. 어떤 사람과 친할수록 그 사람의 성격을 잘 안다는 사실은 그다지 놀라운 일이 아니다. 이 실험에서 놀라운 점은 실험 참가자와 단 한 번도 만난 적 없는 사람들의 판단이었다. 이들은 일면식이 없었음에도 참가자의 성격을 잘 파악했다. 그렇다면 이들은 어떤 정보를 기반으로 참가자의 성격을 판단했을까?

연구팀은 실험 참가자의 기숙사 방에 방 주인을 전혀 모르는 사람을 초대해 15분 동안 방을 둘러보게 한 뒤 방 주인의 성격에 관한 질문에 답해달라고 했다. 그 결과 빅 파이브 성격 중 성실성과 정서적 안정성, 경험에 대한 개방성 평가는 아주 정확했다. 그러나 외향성과 원만성에 관한 평가의 정확도는 친한 친구들의 평가 결과에 미치지 못했다. 그 사람이 외향적인지, 다른 사람과 잘 협력하는지, 혹은 얼마나 이타적인지에 관한 평가는 직접 겪어야 알 수 있는 성격 요인이다. 여하튼 성격을 구성하는 주요 요인들 중 상당 부분을 만나지 않고도 파악할 수 있다는 것은 우리 인간의 놀라운 능력이라 할 수 있다.

따라서 윤하의 〈첫눈에〉처럼 첫눈에 서로를 알아보고 끌리는 것은 얼마든지 가능하다. 하지만 만일 이상형이 있다면, 이상형을 실제로 만난다고 해도 첫눈에 끌리지는 않을 것이다. 보스턴대학교Boston University 행동경제학과 레이먼드 피스먼Raymond Fisman 교수는 이상형과 실제 매력을 느끼는 사람 간의 상관관계를 규명했다. 실험에 참가한 사람들은 짧은 시간에 여러 사람을 만날 수 있는 스피드 데이트에 관심을 보였다. 이들은 데이트 전, 데이트 직후, 데이트가 끝난 1개월 후와 6개월 후, 이렇게 총 네 차례에 걸쳐 자신의 이상형에 관한 설문에 응답했다. 설문 항목은 매력도, 공통의 관심사, 유머 감각, 성실성, 지성, 목표 지향성 등이었다. 또한 참가자들은 데이트가 끝날 때마다 상대방을 같은 항목에 따라 평가했다. 과연 자신의 이상형에 대한 평가와 실제 데이트를 하면서 끌렸던 상대에 대한 평가는 일치했을까?

데이트 전에 원했던 이상형과 실제로 끌린 사

람이 가진 특성은 크게 관련이 없었다. 유머러스하고 성실한 사람을 원했더라도 스피드 데이트에서 마음에 든 이성이 그 조건에 꼭 부합했던 것은 아니었다는 뜻 이다. 정말 흥미로운 점은 실제 마음에 드는 사람을 만 났을 때 이전에 설정한 이상형의 영향력은 없었지만, 데이트 상대와 헤어지고 한 달 정도 지나면 이상형에 부합하는 사람을 만나고 싶어 했다는 것이다. 사람들 은 실제 만남에는 영향을 미치지 못하는 이상형에 이 상하리만큼 깊이 집착하고 있었다. 오랜 세월 이상형 이 변하지 않는 사람은 여태껏 제대로 된 연애를 못해 본 사람임이 틀림없다.

　　우리가 원한다고 믿는 이상형은 실제 우리가 어떤 사람을 대면하는 순간 형성되는 선호도와 다르 다. 이상형은 심사숙고의 결과물이고, 첫눈에 끌리는 것은 무의식적 사고의 영향을 받기 때문이다. 그래서 첫눈에 빠진 이유는 설명하는 것이 아니다. 왜 사랑에 빠지게 되었는지 설명하다 보면 상대가 생각보다 매 력이 없는 사람임을 깨닫게 될 수도 있다.

버지니아대학교University of Virginia 심리학과 티머시 윌슨Timothy Wilson 교수 등은 대학생들을 대상으로 잼 맛 테스트를 실시해 선호도에 대한 설명의 영향력을 실험했다. 학생들은 컨슈머 리포트 평가에서 각각 1등, 11등, 24등, 32등, 44등을 받은 다섯 가지 잼을 실제 등수는 모른 채 시식하고 순위를 매겼다.

연구팀은 첫 번째 그룹에게는 특별한 이유 없이 느낌만으로 감별하라고 했는데, 이 그룹의 결과는 전문가들의 평가와 유사했다. 다음 두 번째 그룹에게는 잼을 시식하고 그렇게 순위를 매긴 이유를 설명해달라고 했다. 그러자 학생들의 의사결정 수준이 급격히 떨어졌다. 전문가가 꼽은 최악의 잼을 두 번째 그룹 학생들은 최고로 꼽기도 했다. 숙련된 전문가들은 맛의 여러 가지 특성을 구분해 정보를 처리할 수 있었지만, 전문성이 없는 학생들의 분석은 오히려 의사결정에 해가 된 것이다.

대부분의 사람은 사랑에 관해 전문가가 아니다. 따라서 사랑에 빠진 이유를 구체적으로 설명하려는 순간, 선호가 바뀔 수 있고 더 나은 결정을 못할 수도 있다. 윤하의 〈첫눈에〉에서는 이상형에 관한 구체적인 묘사나 설명이 전혀 나오지 않는다. 그저 사랑에 빠지는 것은 운명인 것이다.

0.
왜 사람들은
세렌디피티를 꿈꿀까

인간은 우연이 지배하는 세상에서 의미 있는 패턴을 발견하려는 경향이 강하다. 무작위로 만들어진 구름에서 양 떼와 나비를, 달에서는 토끼를, 밤하늘에서는 흐르는 강을, 바위에서는 고래와 코끼리를 찾아낸다. 또 밤하늘에 떠 있는 별들을 보며 큰곰과 작은곰을 발견하고, 신화에 나오는 주인공들의 이름에서 따와 카시오페이아, 켄타우로스, 오리온 같은 별자리 이름을 만들어냈다.

　　모호한 자극에서 숨겨진 질서를 찾으려는 사람

들의 욕망은 삶 곳곳에서도 쉽게 찾아볼 수 있다. 어떤 사람들은 토스트기의 익다 만 빵에서 성스러운 예수의 얼굴을 영접하기도 하고, 또 어떤 사람들은 대중가요를 거꾸로 재생해 사탄의 메시지를 듣는다. 거꾸로 재생할 때 의미 있는 단어들이 들리도록 작업하는 기법을 '백워드 매스킹backward masking'이라고 한다.

이 같은 사례의 공통점은 감각기관에 가해지는 모호한 자극에 질서를 부여하려는 경향이 특별한 동기가 없을 때도 발현된다는 것이다. 인류가 별자리나 바위에 의미를 부여한 것은 생존을 위해 정확한 위치를 기억하고 그 위치를 공동체와 공유하기 위해서였다고 하지만, 구름에서 양 떼를 찾고 보름달에서 토끼를 발견하는 것은 특별한 이유가 있어서가 아니다. 눈에 그냥 그렇게 보일 뿐이지, 이러한 행위로 얻을 수있는 이익은 아무것도 없다.

그렇다면 왜 인간은 우연히 마주하는 모호한 자극에서 질서와 패턴, 의미를 찾으려고 할까? 인간의 본성은 예측할 수 없는 불확실성을 싫어한다. 예측 불가한 불확실함을 마음 놓고 즐기는 인류 조상의 유전자는 후대에 계승되기 어려웠을 것이다. 인간은 이 세상을 이해하고 예측하기 위한 인지적 장치를 타고났다. 바로 불규칙해 보이는 현상에서 규칙성을 발견하는 심리다. 여러 음식을 먹고 배탈이 난 경험이 있다면 공통적인 패턴을 찾아내야 실수를 거듭하지 않을 수 있었고, 무작위로 보이는 날씨의 변화에서 패턴을 찾아내야 경작과 수확을 원활히 해 생존을 영위할 수 있었다. 현대를 사는 사람들도 마찬가지다. 주변에 산재한 수많은 문제를 해결하기 위해서는 규칙적인 패턴을 발견하는 것이 무엇보다 중요하다.

어떤 현상에 구조화된 규칙을 부여하는 것은 분명한 이점이 있다. 문제는 인간이 이처럼 타당하고 효과적인 인지전략을 잘못 사용하거나 지나치게 많이 사용하는 데 있다. 따라서 백워드 매스킹과 같은 생각의 오류는 비이성적인 생각의 산물이라기보다는 결함이 있는 이성의 산물이라 할 수 있다. 다시 말해, 규칙을 부여하려는 경향이 너무 지나친 탓에 종종 존재하지 않는 현상이 실재한다고 믿게 되는 것이다.

내가 즐겨 가는 테니스 클럽에는 소위 말해 '역전 스코어'라는 것이 있다. 테니스는 6점을 선취하면 게임에서 이기게 되는데, 5대 2가 되면 역전 스코어라고 하면서 전세가 바뀔 수 있다고 플레이어들은 믿는다. 농구에도 이와 비슷한 '핫 핸드hot hand' 현상에 대한 믿음이 있다. 한 선수가 득점에 연거푸 성공하면 그 선수에게만 패스가 몰리는 장면을 쉽게 목격할 수 있다. 소위 말해 '성공이 성공을 낳고, 실패가 실패를 부른다'는 신념이다.

특정 분야에서는 이 믿음이 옳을 수 있다. 부동산투자로 부자가 된 사람들, 중요한 거래처와의 수주에 성공한 영업사원들, 그림이나 음악과 같은 예술 분야에서 큰 성공을 거둔 사람들, 베스트셀러 작가가 된 사람들이 대표적인 사례. 이런 경우에는 먼저 벌어진 사건이 뒤에 이어질 사건에 영향을 미치는 것이 매우 분명하게 나타난다. 시드머니seed money가 늘어나면 더 큰 안전자산에 투자할 여유가 생기고, 평판이나 명성을 얻게 되면 이후 진행하는 일에 가속도가 붙는다.

그렇다면 테니스나 농구와 같은 운동경기에서도 이런 현상이 일반적일까? 코넬대학교Cornell University 심리학과 토머스 길로비치Thomas Gilovich 교수의 연구에 따르면 핫 핸드, 즉 농구 경기에서 연속 득점이 일반적으로 나타난다는 믿음은 경기를 보는 사람이나, 경기에 투입되는 선수, 코치 모두에게서 매우 분명하게 나타났다. 연구팀은 이들에게 숏 성공률을 평균 50퍼센트로 설정한 가상의 선수가 골을 넣은 직후와 골을 넣는 데 실패한 직후의 성공률을 예측해보라고 하자 전자는 61퍼센트, 후자는 42퍼센트라고 답했다. 응답자의 84퍼센트는 직전에 골을 넣은 선수에게 패스를 하는 것이 바람직하다고 답했다.

연구팀은 실제 연속 골의 성공률이 높은지를 확인하기 위해 NBA 통계자료를 조사했다. 결과는 어땠을까? 핫 핸드가 존재했을까? 결론부터 말하면 핫 핸드는 없었다. 오히려 득점에 실패한 직후에 골을 넣는 경향이 더 우세했다. 득점 직후 숏 성공률은 50퍼센트였지만, 득점 실패 직후의 슛 성공률은 55퍼센트였다. 연속 두 골을 넣은 직후의 슛 성공률은 49퍼센트로 더 낮아졌지만, 연속 두 골을 실패한 후의 슛 성공률은 55퍼센트였다. 세 골 연속 득점 이후의 슛 성공률은 43퍼센트로 급감했지만, 세 골 연속 실패 이후의 슛 성공률은 무려 61퍼센트였다.

　　연구팀은 연속 슛 성공 이후에 상대 팀의 수비 강화가 성공률을 낮추었을 가능성도 있다고 판단해 수비에 방해받지 않는 자유투 성공률도 분석했다. 선수들이 첫 번째 자유투를 성공한 뒤 두 번째 자유투의 성공률은 55퍼센트였지만, 첫 번째 자유투에 실패한 뒤 두 번째 자유투에서는 75퍼센트의 성공률을 보였다. 조사 결과 핫 핸드는 명백하게 존재하지 않았고, 선수들이 원래 가지고 있었던 평균적인 실력이 나타나는 '평균으로의 회귀regression toward the mean' 현상은 분명하게 관찰되었다.

　　물론, 개별 선수가 우연을 넘어선 확률로 연속 골 성공이 나타날 수 없다고 주장하는 것은 아니다. 하지만 그렇다고 농구 경기에서 핫 핸드가 존재한다는 객관적 증거 또한 없다. 모든 경기를 통계적으로 보면, 슛의 성패는 선수들이 원래 갖고 있던 실력 이상으로 나타나기 어렵기 때문이다. 그럼에도 정말 놀라운 사실은 이 통계 결과를 전달받은 팬들과 선수, NBA 관계자들의 반응이었다. 과학적 조사 결과를 보고도 여전히 핫 핸드가 존재한다는 믿음을 고수했기 때문이었다. 통계적 오차 범위 내에서 우연히 발생한 결과에 의미를 부여하는 사람들의 신념은 쉽게 꺾을 수 없었다.

이에 길로비치 교수는 농구 팬들에게 슛 성공과 실패 여부를 ○×로 표시해 제시한 뒤 무작위가 아닌 핫 핸드 현상이 있는지 찾아보게 했다.

○××××○××××○××○○○×○○×××○○

여러분이 보기에는 어떤가? 연속 골의 패턴이 눈에 띄지 않는가? 농구 팬들 중에서 응답자의 62퍼센트는 이 패턴에서 핫 핸드가 존재한다고 대답했다. 그런데 사실 이 조합은 ○○, ××, ○×, ×○의 개수가 일치한 여러 조합 중 하나일 뿐이었다. 전형적인 사건들의 조합에서도 사람들은 우연을 넘어선 연속성과 패턴을 찾으려 했다.

사람들은 무작위적 분산에도 어떤 의미가 있다고 믿는다. 한 예로 제2차 세계대전 막바지에 독일은 V-1 미사일과 V-2 미사일로 런던 시내를 폭격했다. 런던의 신문사들은 미사일 공격 위치가 표시된 지도를 배포했고, 사람들은 특정 지역이 다른 지역에 비해 위험하다고 믿었다. 런던 시민들은 그 지도를 보고 독일군 미사일의 조준 정확성에 두려워했고, 포탄이 집중되지 않은 지역에는 독일군의 스파이가 살고 있을 것이라고 추측했다. 런던 시민들의 머릿속에는 가상의 사사분면이 그려졌으며, 그중에서 포탄이 집중적으로 쏟아진 오른쪽 지역은 다른 지역에 비해 훨씬 위험한 곳이라고 여기기 시작했다.

그러나 전쟁이 끝난 뒤 독일군의 전투력을 분석한 결과 독일군은 그저 런던 중심부를 겨냥해 아무

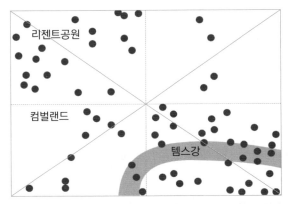

------- 지도를 사분면하면 템스강을 중심으로 포탄이 집중 투하된
　　　　것처럼 보인다.
——— 대각선으로 사분할하면 유의미한 군집을 발견할 수 없다.

렇게나 미사일을 쏜 것에 불과했다. 또한 통계적 분석
결과도 무작위였음이 증명되었다. 분할한 지도를 위
와 같이 대각선으로 나누면 유의미한 군집이 잘 드러
나지 않는다.

　　　사후적 사고를 바탕으로 통계분석을 소급해서
하면 '확증 편향confirmation bias'에 의해 우연적 결과
가 지나치게 부각되기 마련이다. 사람들은 무작위 패
턴을 의미 있는 현상으로 파악하고 나면, 그 현상에 대

한 부연 설명을 만들어내고 자신의 신념을 강화한다. NBA 팬들과 선수, 그리고 관계자들처럼 대부분의 사람은 신념과 반대되는 객관적 증거를 제시해도 믿지 못한다.

인간이 우연한 자극에 의미를 부여하는 행위는 예나 지금이나 필수적인 생존 기제인 것만은 분명하다. 그러나 이러한 능력을 잘못 쓰거나 과도하게 사용하면, 사실적 판단과 합리적 의사결정에서 점점 멀어지고 종국에는 인생까지 망가뜨릴 수 있다. 주가나 코인 시장의 움직임에 어떠한 규칙이 있다고 과도하게 확신하면 어렵게 쌓은 재산을 한순간에 날릴 수 있다. 재산을 지키려면 우연히 나타난 사건을 지나치게 믿어서는 안 되고, 오히려 그러한 믿음을 철저하게 경계하고 검증해야 한다.

마찬가지로 스탠딩 에그의 〈오래된 노래〉처럼 거리에서 과거의 연인과 함께 듣던 노래가 흘러나올 가능성은 그저 우연에 불과하다. 노래를 들을 때 옛 연인이 함께 있었다는 것은 과거의 사건일 뿐이고, 연인과 헤어진 뒤 현재 듣고 있는 노래와 연인과의 재회 사이에는 아무런 인과관계가 존재하지 않는다. 우연한 만남을 기대하는 걸 넘어서는 집착의 가사가 그래서 안타깝게 느껴진다.

"오래전에 함께 듣던 노래가 거리에서 내게 우연히 들려온 것처럼 살아가다 한 번쯤 우연히 만날 것 같아"의 가벼운 기대라면 복권 당첨을 기다리는 설렘 정도겠지만, "내 사랑이 그대로인 것처럼 발걸음이 여길 찾는 것처럼 꼭 만날 거야 지금 이 노래처럼"으로 재회를 확신하는 것은 집착이다. 이 가사를 보면 화자는 거리에서 옛 연인을 우연히 만날 것을 기대하는 것이 아니라, 매일 그 거리로 나가 우연을 빙자한 필연을 만들기 위해 하염없이 헤맬 것이기 때문이다. 오늘 우연히 거리에서 노래를 들은 것은 말 그대로 우연적 사건일 뿐이라는 사실을 노랫말 속 화자가 받아들이길 바란다.

그런 의미에서 천커신陳可辛 감독의 영화 〈첨밀밀〉도 매한가지다. 이 영화를 보면, 홍콩에서 헤어진

두 남녀가 뉴욕 한복판에서 덩리쥔鄧麗君의 노래가 흘러나올 때 운명처럼 마주치는 장면이 나온다. 영화 속 이 장면에서 압도적인 감동을 느꼈지만, 냉정한 시각에서 보면 일상적 사건이 될 수 없는 그저 영화적 상상에 가까운 장면일 뿐이다.

♫ 스탠딩 에그 | 오래된 노래

0.

헤어진 연인이
다시 만나면 행복할까

모든 연인 관계가 원만히 지속되는 것은 아니다. 헤어질 때는 누구나 아프다. 대개 관계를 깬 사람보다 차인 사람의 심리적, 신체적 고통이 더 크다. 한 조사에 따르면 관계를 깬 사람은 39퍼센트 정도가 두통, 위궤양, 불면증과 같은 신체적 고통을 경험했으나, 차인 사람은 거의 모두가 고통스러웠다고 응답했다. 그리고 양측 모두 우울, 고독, 분노 등 심리적 고통을 호소했다.

그렇다면 이렇게 고통스러운 이별을 왜 연인들은 감행하는 것일까? 속된 말로 투자 대비 수익이 낮기 때문이다. 암스테르담자유대학교Vrije Universiteit Amsterdam 심리학과 카릴 러스벌트Caryl Rusbult 교수는 연인 관계가 지속되기 위한 조건을 투자 모형에 빗대어 설명했다.

관계가 지속되기 위해서는 우선 만족도가 높아야 한다. 만족도란 연인 관계에서 경험한 긍정적 감정을 의미하고, 만족도가 높은 사람이 헌신적이다.

둘째는 대안의 질이다. 이는 연인이 아니라 다른 사람과의 관계 속에서 충족되는 욕구의 정도를 의미한다. 가족, 친구, 다른 매력적인 이성과의 관계에서 자신의 욕구가 충족된다면 연인 관계를 지속할 이유가 사라진다. 따라서 대안의 질이 높을수록 헌신의 수준은 낮아진다.

흥미로운 사실은 잠재적 대안도 영향을 미친다는 점이다. 러스벌트 교수는 대학생들을 대상으로 연초에 시작된 연인 관계가 연말까지 지속되는지, 지속된다면 그 까닭은 무엇인지 연구한 바 있다. 그들이 관계를 지속하는 데 가장 중요한 요인은 서로의 사랑이 얼마나 깊은지가 아니라, 현재 연인 외에 마음에 두고 있는 다른 사람, 즉 잠재적 경쟁자의 존재 여부였다. 젊은 연인이 관계를 지속하려면 무엇보다 대안이 없어야 한다. 그래서 고무신을 거꾸로 신는 경우가 군화를 거꾸로 신는 경우보다 많은 것이다. 여성은 사실상 외부와 차단된 채 군 생활을 하는 남성에 비해 대안을 탐색하기 쉽기 때문이다.

마지막은 투자의 크기다. 투자의 크기란 관계 유지에 쏟아붓는 유무형의 투자를 말한다. 주거 공간과 같은 유형의 투자를 한쪽이 제공받고 있다면 쉽게 관계를 깰 수 없을 것이다. 무형의 투자는 관계를 위해 투입한 시간, 노력 등을 의미한다.

만족도가 높을수록, 대안의 질이 낮을수록, 투자의 크기가 클수록 헌신의 정도는 높아지고 관계가 지속될 수 있으나, 세 가지 중에 한 가지도 충족되지 않으면 관계는 그 즉시 종결될 수 있다.

그렇다면 변진섭의 〈그대 내게 다시〉 속 헤어진 연인은 왜 다시 돌아오려 하는 걸까? 투자 모형으로 생각해보면 현재 연인에 대한 만족도가 낮아 예전 연인이 대안으로 부상했으며, 투자한 유무형의 자원을 회수할 욕구가 생겼기 때문이라고 추측할 수 있다.

그런데 만일 돌아오려는 연인이 만남과 헤어짐을 습관적으로 반복하는 사람이라면 연인 관계에서 얻고자 하는 특별한 목표가 없을 수도 있다. 습관은 목표지향적이지 않고 상황의 지배를 받기 때문이다. 따라서 특정 상황에서 돌아오려는 충동이 들었을 따름이지, 옛사랑에게 구체적으로 기대하는 바가 없을 수 있다. 기본적으로 헌신 없는 관계는 지속하기 어렵기 때문에 특정 상황에서 충동적으로 재결합하려 한다면 다시 헤어질 가능성이 크다.

한편 서던캘리포니아대학교University of Southern California 심리학과 데이비드 닐David Neal 교수는 습관이 형성된 이후에는 목표가 더 이상 중요하지 않다는 사실을 밝혀냈다. 연구팀은 대학생들을 정기적으로 조깅을 하는 그룹과 가끔 혹은 아예 조깅을 하지 않는 그룹으로 나누었다. 연구팀은 꾸준히 조깅을 하는 그룹이 건강관리나 체중감량과 같은 목표가 그렇지 않은 그룹에 비해 뚜렷할 것이라 예측했다. 하지만 실험 결과는 달랐다.

연구팀은 실험에 참가한 대학생들에게 모니터에 짧은 시간 동안 노출된 단어가 어떤 단어인지 인식되면 키보드를 눌러달라고 했다. 단어와 단어 간에 연상이 쉽다면 누르는 속도가 빨라질 것이다. 예를 들어 '종이'라는 단어를 인식한 상태에서 '연필'이라는 단어가 뜬다면 인식 시간은 짧아지지만, '종이' 다음에 '에어컨'이라는 단어가 나오면 인식 시간은 길어진다. 연구팀이 '트랙'이나 '공원'같이 달릴 수 있는 장소 관련 단어를 모니터에 띄운 뒤 '달리기'나 '조깅' 같은 단어를 보여주자 조깅을 꾸준히 하는 학생들의 인식 속도는 빨랐다. 그런데 놀라운 사실은 '건강' '체중감량'과 같이 달리는 목표와 관련된 단어를 먼저 본 뒤에는 달리기와 관련된 단어를 인식하는 속도가 오히려 느려졌다는 점이다. 왜 이런 결과가 나온 것일까?

이미 습관이 형성된 대학생들에게는 목표가 정

신적인 메리트가 없었기 때문이다. 하지만 가끔 달리기를 하는 대학생들에게는 목표가 의미 있었다. 습관이 강하게 형성되면 어떤 목표나 보상은 의미가 없다. 그저 습관대로 움직일 뿐이다.

다시 변진섭의 〈그대 내게 다시〉로 돌아가보자. 이 노래에서는 연인이 돌아오는 행동에 큰 의미를 부여하지 않는다. 그냥 오면 된다고 말한다. 이러한 말은 상대의 헌신을 기대하지 않기 때문에 가능한 것이다. 그래서 나는 이 노래를 들을 때면 관계의 지속성이 염려된다. 하지만 다른 한편으로 이 말은 자신이 옛 연인에게 습관과 같은 존재가 되기를 갈망하는 것일 수도 있다. 만남과 헤어짐이 습관이 아니라 관계가 습관이 된다면 특별한 노력 없이도 지속할 수 있는 여지가 커지기 때문이다.

예를 들어 사람들에게 차를 탈 때 안전벨트를 하는 이유에 대해 물으면 만일의 사고가 일어났을 때를 대비해 신체를 보호하기 위한 것이라 답하지만 안전벨트를 맬 때마다 그런 생각을 떠올리는 사람은 없다. 이처럼 생각이나 의도, 감정 없이 행동함에도 어떤 특별한 의도가 있다고 착각하는 것을 '내성 착각 introspection illusion'이라고 한다.

한 가지 예를 더 살펴보자. 사람들에게 동일한 품질의 스타킹 네 켤레 중 품질이 가장 좋은 것을 고르라고 하면 대개 맨 오른쪽에 있는 것을 고른다. 고른 이유를 물으면 디자인, 소재, 질감 등등을 말하지만 '위치'를 언급하는 사람은 아무도 없다. 우리 눈에는 오른쪽으로 갈수록 증가되는 모습이 자연스럽기 때문에 무의식중에 오른쪽을 택했음에도 자신의 선택은 현명한 추론과 특별한 의도를 바탕으로 했을 것이라 착각한다.

그러니 〈그대 내게 다시〉에서 아무런 의도 없이 그냥 오면 된다는 구절은 자신과의 관계가 습관이 되기를 바라는 마음이 반영된 것이라 할 수 있다. 만남과 헤어짐을 습관처럼 한다면 관계적 위험성이 커진다. 하지만 상대방에게 돌아가려는 것이 회귀본능과 같은 자연스러운 것이라면 일단은 긍정적 신호라 할 수 있다. 물론 재회 이후가 더 중요하다. 언제든지 다

시 만날 수 있다고 여기기보다 새롭게 시작한다는 생
각으로 상호 헌신의 관계를 형성해야 한다.

♬ 변진섭 | 그대 내게 다시

PART 3

세상과
소통하는
방법

○.
개소리가 판치는
세상에서

『개소리에 대하여』의 저자인 프린스턴대학교 철학과 해리 프랭크퍼트Harry Frankfurt 교수는 개소리Bullshit 를 아무 생각 없이 뱉는 단어의 조합이라고 정의한다.

God is entangled in the mechanics of love(신은 사랑 의 역학 관계 속에 얽혀 있다).

XML techniques in inextricably connected to essential observations(XML 기술은 본질적인 관측과 불 가분의 관계가 있다).

이 문장과 같이 그럴듯한 단어를 조합해 아무 의미 없는 말을 마치 심오한 뜻이 있는 양 말하는 것도 개소리의 한 형태다.

그렇다면 프랭크퍼트 교수는 이러한 개소리를 어떻게 생각하고 있을까? 그가 생각하는 개소리란 무엇인지 간략히 살펴보자.

> 우리 문화에서 가장 눈에 띄는 특징 가운데 하나는 개소리가 너무도 만연하다는 사실이다. 모든 이가 이것을 알고 있다. 우리 모두 어느 정도는 개소리를 하고 다니니까. 그런데 우리는 이런 상황을 당연하게 여기는 경향이 있다. 사람들은 대부분 자신들이 개소리를 알아차리고 거기에 현혹되지 않을 정도의 능력은 갖추고 있다고 꽤 자만하고 있다.
>
> ●『개소리에 대하여』, 이윤 옮김, 필로소픽, 7쪽.

프랭크퍼트 교수는 개소리는 헛소리나 거짓말과 다르고, 개소리의 본질이 가짜이기 때문에 거짓보다 위험하다고 말한다. 그에 따르면 거짓말은 진실을 알면서도 사실이 아닌 것을 '일부러' 말하는 것이지만, 개소리는 무엇이 진실인지 알 수 없는 그 자체가 가짜이기에 증명할 길도 증명할 수도 없는 것이다. 그래서 개소리는 들통났을 때 거짓말과 달리 덜 치명적이며, 책임을 져야 한다거나 소명하는 절차조차 없다.

이러한 개소리의 작동 방식에 능통했던 미국의 45대 대통령 도널드 트럼프는 과거 대선 기간과 재임 기간 내내 "수천 명의 무슬림들이 9·11 테러 장면을 보며 환호했다" "피살당한 백인들 가운데 81퍼센트는 흑인에 의한 것이다" 같은 개소리를 남발했다. 트럼프에게 수천 명과 81퍼센트라는 수치는 중요하지 않았다. 미국 시민들이 무슬림과 흑인에게 분노할 수만 있다면 참인지 거짓인지는 아무런 상관이 없었다.

트럼프와 같이 개소리를 하는 사람들은 본질적으로 진리와 논리 자체를 부정하고 본래의 의도만 달성할 수 있다면 진실을 호도하는 교활함도 서슴지 않기 때문에 거짓말하는 사람들보다 훨씬 위험하다.

그렇다면 사람들은 언제 이 위험한 개소리에 잘 현혹될까? 복잡하고 아리송한 세상일 때 특히 그렇다. 혼란한 상태에서 무엇이 진리인지 알 수 없을 때 개소리는 판을 치고, 우리는 곧잘 개소리에 현혹된다. 즉 세상이 어지러울수록 음모론과 같은 개소리가 각광받는다.

음모론은 사건의 진실을 알기 어려울 때 그 뒤에 거대한 조직이나 권력이 있다고 믿는 것으로, 음모론의 핵심은 인과관계다. 물론 그 인과관계에는 과학적 근거나 진실 같은 것은 없다. 그저 그럴듯하게 들릴 뿐이다. 음모론에는 개소리의 최악의 형태인 "증오가 담긴 막말"들이 난무한다. 이 막말들은 자신과 전혀 다른 사회적 위치나 정치적 성향을 지닌 진영을 공격하는 데에도 쓰이지만, 같은 진영에 있으면서 자신보다 온건한 의견을 가지고 있는 사람에게는 더 격렬하게 퍼붓는 저주로 바뀐다.

일리노이대학교 어바나샴페인캠퍼스University of Illinois at Urbana-Champaign 경영학과 주디스 화이트Judith

White 교수 팀은 같은 견해를 가진 그룹 내에서 극단적 의견을 취하는 사람들이 좀더 온건한 의견을 가진 사람들에 대해 전혀 다른 견해를 가진 사람들에게 느끼는 적대감보다 때에 따라서는 더 큰 적대감, 즉 '수평적 적대감horizontal hostility'을 갖는다는 사실을 발견했다.

연구팀은 채식주의자들 중에서 계란과 유제품을 포함한 모든 동물성 식품을 전혀 먹지 않는 완전 채식주의자들인 비건 그룹과 온건한 채식주의자들인 베지테리언 그룹을 비교, 연구했다. 두 그룹은 서로에 대해 어떻게 생각하고 있었을까? 채식주의자가 아닌 사람들 눈에는 두 그룹 모두 채식주의자이지만, 비건 그룹이 베지테리언 그룹에 갖는 적대감과 반감은 채식주의자가 아닌 사람들에 대한 감정보다 강했다.

메이저가 아닌 소수 정치 그룹에서 정치적 노선이 다른데 한 그룹으로 묶인 사람들, 그리고 그중 가장 극단에 있는 사람들이 온건파에 대한 반목과 질시가 큰 이유도 마찬가지다. 정치조직 계파 내 갈등, 강성 노조 안에서 권력 다툼, 같은 정치 진영 내 유튜버

들끼리의 진흙탕 싸움 등은 우리가 지금 이 순간에도 매일 뉴스로 접하는 현실이다. 이처럼 소수 그룹은 다수의 그룹으로부터 개소리의 피해자가 되기 쉬울 뿐만 아니라 같은 소수 그룹 내에서도 또 나뉘어 갈등의 불씨를 키우기도 한다.

개소리와 관련한 재미있는 주장도 있다. 캐나다 워털루대학교University of Waterloo 심리학과 마틴 해리 터핀Martin Harry Turpin 교수와 그의 동료들은 개소리가 '스마트smart'함의 일부라는 참신한 개소리를 주장했다.

터핀 교수 팀이 설계한 실험의 참가자들은 AI가 만든 작품이든, 사람이 그린 작품이든 개소리로 이름 지은 작품을 선호했다. 참가자들은 개소리 제목인 '정의되지 않는 고통의 특이성undefined singularity of pain'이라는 작품을 일반적인 제목의 '추상적 요소abstract elements' 작품이나 제목이 없는 작품보다 더 좋게 평가했다. 또한 '개소리'가 포함된 제목을 단 예술가를 밋밋한 제목을 단 작품의 예술가보다 예술적 영감과 천

재성 측면에서 더 높게 평가했다.

실험 결과를 통해서 알 수 있듯이, 사람들은 꼭 사회적 혼란 상태가 아니더라도 자신이 완벽하게 이해할 수 없는 예술과 같은 영역에서 그럴듯한 개소리에 끌리는 것이 틀림없다.

터핀 교수 팀은 또 다른 실험에서 참가자들에게 '가정적 척도subjunctive scaling' '유전적 자율성genetic autonomy'과 같은 가짜 개념들을 들어본 적 있는지, 들어본 적이 있든 없든 이 개념을 어떻게 설명할지 질문했다. 이전에 들어봤을 리가 만무한 이 개념들을 들어본 적이 있다고 답한 사람들의 지능을 측정한 결과, 이들의 지능은 높지 않았다. 없는 개념을 들어봤다고 말한 사람들은 단순히 정직성에 문제가 있어서가 아니라, 자신의 지적 수준을 감추기 위한 목적이 컸을 것이다. 들어본 적은 없지만, 개소리 개념을 그럴듯하게 설명하는 사람들의 지능은 일반적인 사람들에 비해 높았다. 이 실험을 통해 명백히 알 수 있는 사실이 있다. 똑똑한 척은 하고 싶지만 제대로 아는 것이 없을수록 개소리에 현혹되기 쉽고, 모르는 것을 솔직하게 말할 줄 아는 사람들이 오히려 더 똑똑하다는 것이다.

노래를 들을 때도 개소리에 유의해야 한다. 스텔라장의 〈빌런〉에서 "네가 제일 미워하는 누군가는 사랑받는 누군가의 자식"은 비교적 분명한 사실이지만, "내가 제일 사랑하는 누군가는 또 다른 누군가에게는 개"가 되는 것은 앞의 진술만큼 명확하지 않다. 하지만 운율이 유사한 두 문장을 병렬적으로 배열할 때, 만일 하나의 문장에 동의한다면 다음 문장에도 동의해야 논리적으로 모순이 없을 것 같은 착각을 일으키게 된다. 이를 '압운의 이성적 설득 효과rhyme as reason effect'라고 한다.

이 효과는 언어에 음악적 요소가 가미되면 그 말이 합리적이고 사실처럼 인식되는 현상을 말하는데, 텔레비전이나 라디오 CF에서 쉽게 접할 수 있다. '손이 가요 손이 가' '12시에 만나요' '공무원시험 합격은' 같은 앞 문장을 보고 뒷부분을 자연스럽게 떠올렸다면 압운의 이성적 설득 효과에 이미 넘어간 것이다. 이러한 CM송에서는 브랜드 이름 자체가 반복되기 때문에 압운이 되기도 하지만, '손' '만나요' '합격'도 앞뒤로 반복되며 압운의 속성을 갖추고 있다.

이처럼 귀가 즐거워지는 아름다운 말을 들을 때, 그 말이 엉터리라도 뇌 속의 인지적 처리 시스템은 리듬이 섞인 말을 진실로 믿어버린다. 인간의 뇌는 철저하게 에너지를 최소로 소비하는 '인지적 구두쇠cognitive miser' 시스템을 따르는데, 압운은 복잡한 내용을 반복이나 대조로 쉽게 처리하게 만들도록 돕는다. 말의 논리보다 반복과 대조를 활용하는 정치인과 평론가, 강연자가 대중에게 인기 있는 이유도 이 때문이다. 하지만 이 방식은 어디까지나 해당 분야에 대해 제대로 아는 것이 없는 사람에게나 통하는 편법이다. 그래서 영악한 정치인들은 다수의 유권자가 정치에 관심을 갖는 것을 두려워한다. 자신들의 개소리는 무지한 상태의 군중에게 잘 통하기 때문이다.

그리고 이러한 개소리를 부채질하는 것 중에 하나가 바로 '필터버블filter bubble'이다. 현대인들은 여러 언론매체와 SNS가 선별한 정보만을 접하면서 고정관념과 편견이 강해지는 필터버블 세상에 갇혀 살고 있다. 제대로 읽지 않은 각종 기사를 SNS로 퍼 나르면서 내 편에 있는 사람들에게 동의를 구한다. 그 과정에서 개소리는 순식간에 공유되고 소비된다.

그러니 개소리에 현혹되지 않으려면 무엇보다 필터버블을 무너뜨리고 세상 밖으로 나와야 한다. 편 식을 하면 건강이 쉽게 상하는 것처럼, 나와 성향이 맞 지 않는 채널의 정보도 살펴보아야 한다. 그래야 나와 는 생각이 다른 사람을 '빌런'으로 만드는 오류를 범 하지 않게 된다.

🎵 스텔라장 | 빌런

○.

다른 사람의
마음을 읽을 수 있다면

사람들은 다른 사람의 마음을 읽고 싶어 한다. 하지만 누군가의 마음을 읽는 것은 무척 어려운 일이다. 그래서인지 사람들은 '마음 읽기'를 초능력처럼 여기기도 한다. 2018년 미국 마리스트 여론연구소 조사기관 Marist Institute for Public Opinion, MIPO에 따르면 미국인 중 20퍼센트는 가장 갖고 싶어 하는 초능력으로 마음 읽기를 꼽았다. 이는 29퍼센트가 선택한 시간 여행 다음이었고, 하늘 날기, 순간 이동, 투명 인간보다도 사람들이 간절히 원하는 슈퍼 파워였다. 게다가 2010년에 같은 주제로 조사했을 때 마음 읽기는 시간 여행과 공동 1위였다.

심리학에서는 감정, 사고, 의도, 믿음 등을 눈으로 볼 수 없기 때문에 마음은 '관찰'하는 것이 아니라 '추론'한다고 표현한다. 그런데 마음을 추론하려면 정보가 필요하다. 미국 드라마 〈멘털리스트mentalist〉의 주인공 패트릭 제인Patrick Jane이 자신은 마음을 보는 '심령술사psychic'가 아니라 정보를 추론해 범인을 잡는다고 말한 것도 이 때문이다.

많은 사람이 드라마나 영화 속 주인공만큼 완벽하지는 않더라도 행동, 표정, 자세, 취미, 소유물 같은 정보로 상대방의 마음을 어느 정도는 추론할 수 있다고 믿는다. 그래서일까. 시중에는 이러한 사람들의 믿음을 이용한 심리테스트나 취향과 표정, 자세 등으로 상대방의 마음을 알 수 있다고 주장하는 책들이 많이 있다. 공교롭게도 이런 책들 중 일부는 베스트셀러다. 내가 공교롭다고 하는 이유는 정말 좋은 책들이 이런 아쉬운 책들에 비해 판매 순위에서 크게 밀리기 때문이다.

물론 경험이 많고 학습이 잘된 사람일수록 프로파일러처럼 여러 정보를 활용해 상대적으로 정확한 추론을 할 것이다. 그렇다고 하더라도 상대방에 관한 일부는 추론할 수 있을지언정 내면의 많은 부분까지 알아내기는 어렵다. 짧은 시간 안에 제한된 정보로 비교적 정확히 첫인상을 형성하는 것은 사회적 동물인 인간이 지닌 놀라운 능력은 맞지만, 마음의 여러 영역을 파악하기에는 제한적이다. 단언컨대 '어떤 사람의 한 부분을 보고 그 사람의 전부를 알 수 있다'고 주장하는 사람이 있다면 심리학을 제대로 공부한 사람이 아니다.

오래 함께 지내고 사귈수록 서로의 마음에 대해 더 잘 아는 것은 맞다. 한 심리 실험을 살펴보자. 연구팀은 참가자들에게 파트너의 자아존중감self-esteem, 지적 능력, 사회적 역량, 운동능력, 매력도 등의 자질과 카드 게임, 수영, 빨래하기 같은 다양한 활동에 대한 선호를 추측하고 그 추측에 대한 확신도를 평가해달라고 했다. 다행히 참가자들은 파트너에 대해 전혀 모르는 사람이 찍어서 맞히는 수준보다는 매우 잘 알고 있었다. 하지만 연인 사이에 '실제 알고 있는 정도'와 '알고 있다고 믿는 정도'의 차이는 컸다. 예를 들어 파트너의 자아존중감을 추측하는 질문에서 열 개 중 네 개는 정확히 답변했으나, 자신이 추측한 답이 정답이라고 확신하는 횟수는 열 번 중 여덟 번이나 되었다. 이러한 실험 결과가 나온 까닭은 사람들은 '상대의 마음을 읽는 능력'에 비해 '상대의 마음을 더 잘 읽는다고 착각'하는 왜곡이 더 심하기 때문이다. 능력보다 착각이 크면, 즉 상대를 잘 안다고 착각하면 배려 없이 행동하게 된다. 그러니 서로를 환히 알고 있다는 착각을 경계하면 서로를 더 잘 이해하려 할 것이고 좋은 관계가 지속될 가능성은 높아질 것이다.

그럼 어떻게 해야 다른 사람의 마음을 읽을 수 있을까? 사람들은 자신의 마음을 이해하는 방식으로 다른 사람의 마음을 추론한다. 이를테면 만화책을 보며 웃고 있는 사람이 있으면 '만화책을 재미있게 읽고

있구나'라고 생각한다. 왜냐하면 내가 재미있는 만화
책을 볼 때 웃기 때문이다. 그런데 이러한 사고방식은
두 가지 문제점을 안고 있다.

첫 번째 문제점은 자신의 마음을 이해하는 방식
이 완벽하지 않다는 점이다. 인간은 자기 자신의 마음을
이해하기 위해 성찰introspection을 하는데, 자기 성찰로
는 마음의 작동 방식을 모두 알 수 없을뿐더러 잘못 이
해하는 경우도 많다. 예를 들어 마음에 드는 사람이 있
다면 그 사람과 만나고 싶은 이유를 찾으려 할 것이다.
그러고는 가치관이 같고 취미도 비슷한 데다 좋아하
는 분야와 식성도 통하기 때문이라고 결론을 내린다.
과연 그럴까?

한 실험에서 연구팀이 참가자들에게 두 사람의
사진 중 매력적으로 보이는 사진 하나를 고른 뒤 선택
한 이유를 말해달라고 하자 참가자들은 그 이유에 대
해 거침없이 설명했다. 그들은 자신의 마음을 잘 알고
있는 듯했다. 그런데 이 실험에는 반전이 있었다. 참가
자들의 선택이 끝나면 연구팀은 두 사진을 모두 엎어

놓은 뒤 트릭을 써서 그들이 선택하지 않은 사진을 다시 뒤집어 보여주었다. 재미있는 사실은 참가자들 중에서 자신이 고른 사진이 바뀌었다는 사실을 알아차린 사람은 겨우 27퍼센트였다는 것이다. 더 재미있는 사실은 대부분의 사람이 자신이 선택하지 않은 사진을 보고도 처음에 사진을 선택할 때와 똑같은 이유를 댔다는 점이다. 참가자들이 자신의 마음을 정확히 들여다보고 있었다면 다른 사진을 보고 같은 이유를 대지 않았을 것이며 사진이 바뀐 것도 알아차렸을 것이다. 그런데 왜 참가자들은 눈앞에서 사진이 바뀐 것을 알아차리지 못했을까?

　　많은 사람이 자신의 감정, 사고, 행동, 태도 등 마음의 작동 방식을 자기 성찰을 통해 안다고 착각한다. 자신의 마음을 실제보다 더 잘 이해하고 있다고 느끼면 자신이 보는 세상 역시 잘 이해한다고 믿게 된다. 그래서 나는 자기 성찰이 과대평가된 학습법이라고 주장한다. 자기 성찰을 하면 실제 자신에 대해 아는 것보다 더 많이 안다고 착각할 수 있기 때문이다. 그렇기 때문에 나는 비교적 오류가 많은 자기 성찰보다 훌륭한 연구자가 검증한 이론을 성실히 학습하는 것, 그리고 학습 과정에서 전문가의 적절한 개입과 피드백이 더 중요하다고 믿는다.

두 번째 문제점은 사람들은 자신의 마음을 이해하는 방식을 누구에게나 똑같이 적용하지 않는다는 것이다. 사람들은 심리적 거리를 느끼는 사람을 자신의 마음을 들여다보는 방식으로 보지 않을뿐더러 심지어 마치 마음이 없는 대상처럼 취급하기도 한다. 타인의 마음을 추론할 때 뇌에서는 내측 전전두엽피질의 한 영역이 활성화되는데, 연구에 따르면 자기 자신이나 가족, 친구 등을 생각할 때 이 영역이 활성화된다. 다시 말해, 다른 사람의 마음에 대해 신경 쓸 만큼 충분한 관심이 있어야 내측 전전두엽피질이 작동된다. 그 반면에 심리적 거리감이 있거나 무관심한 대상에게는 내측 전전두엽피질의 활성화 정도가 크게 떨어진다.

예를 들어 미국의 공화당원이 동료 당원의 신념에 대해 생각할 때는 내측 전전두엽피질이 활성화되지만, 민주당원의 신념을 생각하면 이 부분이 갑자기 활동을 멈춘다. 정치색이 다른 사람을 자신의 논리로 설득할 수 없는 뇌과학적 이유가 바로 이 내측 전전두엽피질 때문이다. 정치색이 상반된 사람을 떠올릴 때의 내측 전전두엽피질 활성화 수준은 미국의 일부 대학생들이 노숙자를 떠올릴 때의 수준과 거의 비슷하다. 이 대학생들은 노숙자가 지능과 표현능력이 떨어지고 인간으로서 가져야 할 온전한 마음이 부족한 존재라고 여기고 있었다.

이처럼 사람들은 자신과 심리적 거리가 먼 외집단에게는 수치심, 자긍심, 당혹감, 죄의식, 후회 등의 인간의 고차적 감정을 기대하지 않는다. 그래서 사람들은 외집단의 사과에 진정성을 느끼지 못한다. 우리나라 사람들이 일본의 과거사에 대한 사과에 진정성이 없다고 느끼는 이유 또한 사과문의 내용 때문만은 아닐 것이다. 왜냐하면 인간은 상대방이 진정으로 참회하고 반성하는 모습을 보여야 비로소 내집단을 대하는 것과 같은 태도를 보이기 때문이다.

그러니 가장 중요한 것은 상대의 마음을 읽을 수 있다고 장담해서는 안 된다. 그 대신에 상대의 마음을 쉽게 읽을 수 있는 상황을 만들도록 노력해야 한다. '나는 너를 공감한다' 혹은 '너를 이해한다'는 식의 접근보다는 오히려 상대가 무슨 생각을 하는지, 어떤 감정을 느끼고 있는지를 묻고 듣는 편이 낫다. 진정으로 상대의 마음이 궁금하다면 '마음 읽기'보다는 '마음 묻기'를 시도해야 한다.

상대의 마음을 읽기는 어렵지만, 상대의 마음을 쉽게 읽을 수 있는 상황을 만드는 방법은 세 가지만 알면 충분히 가능하다.

첫 번째는 같은 대상에 주의를 기울이면 된다. 월드컵 경기와 같은 국가 대항전에서 꼭 승리해야만 일체감이 높아지는 것은 아니다. 놓친 골을 보며 다 함께 아쉬움의 탄성을 지르는 순간에도 하나가 된다. 중요한 것은 같은 대상에 집중하는 것이다.

두 번째는 같은 대상이나 상황에 집중하면 신체도 동기화synchronization되기 쉽다는 점이다. 권투 시합에 몰입하다 보면 나도 모르게 주먹을 앞으로 뻗는다. 내 또래라면 한 번쯤 어린 시절에는 브루스 리Bruce Lee의 포효와 몸짓을 따라 했고, 고등학생 때는 저우룬파周潤發의 성냥 물기를 따라 했다. 집단 차원의 흉내 내기 반응은 더욱 흔하다. 같은 환경에서 관심사를 공유하면 감정뿐 아니라 몸짓, 말의 속도, 억양까지 비슷해지고, 하품, 찌푸림, 웃음 등도 쉽게 전염된다.

마지막으로 관심사가 같고 신체가 동기화되면 마음은 자연스레 따라간다. 우리가 같은 곳을 보고 그에 따라 신체가 반응하는 방식이 유사하다면, 비슷한 생각과 느낌을 가질 가능성이 커진다. 같은 동작을 취하게 하면 같은 생각과 언어를 유도할 수 있는 것이다. 영국 애버딘대학교University of Aberdeen 심리학과 민관추Mingyuan Chu 교수와 워릭대학교University of Warwick 심리학과 소타로 키타Sotaro Kita 교수는 실험 참가자에게 사소한 동작을 따라 하게 한 뒤 어떤 문제를 해결하도록 했다. 그 과정에서 참가자들은 '아' '음'과 같이 생각할 때 쓰는 감탄사와 고개를 끄덕이는 제스처들도 순식간에 따라 하기 시작했다. 이처럼 아무리 사소한 신체적 동기화라도 감정과 사고에 큰 영향을 미칠 수 있다.

그래서 입에 펜을 물게 하거나 얼굴에 보톡스를 주사해 표정을 흉내 내지 못하게 하는 식으로 신체의 동기화를 방해하면 타인의 감정을 이해하는 능력이 떨어진다. 보톡스 시술이나 성형수술을 한 연예인에게 불편함이 느껴지는 이유는 단지 외모 때문만은 아니다. 신체의 동기화가 일어나지 않아 공감 능력이 떨어져 연기도 어색하게 하고 때로는 공감하지 못할 언행을 하기 때문이다.

그런 의미에서 나는 잔나비가 〈주저하는 연인들을 위해〉에서 "나는 읽기 쉬운 마음이야"라고 표현한 데에는 이미 이 세 가지 노력들이 전제되었다고 생각한다. 그 사람과 같은 곳을 보고 행동을 따라 하며 이를 통해 감정과 생각을 나누는 일을 충분히 했기에 이런 노래를 부를 수 있었을 것이다.

그러니 싫은 사람을 멀리하고 싶거나 자신의

마음을 들키고 싶지 않다면 이와 반대로 하면 된다. 함께 한곳을 바라볼 수 없을 만큼 물리적 거리를 두고 눈을 감거나 다른 곳을 보거나 이어폰을 귀에 꽂거나 말을 도중에 끊고 화제를 다른 데로 돌리면 된다. 이 중에서 하나만 해도 상대방은 충분히 거리감을 느낄 것이다.

♫ 잔나비 | 주저하는 연인들을 위해

○.

다른 사람이
나와 같기를 바라는 마음

사람들은 과연 나와 같을까? 내가 좋아하는 음악을 다른 사람들은 얼마나 좋아할까? 내가 감동받은 영화나 소설을 추천하면 그것을 보고 나와 같은 감정을 느낄까? 사실 이 질문은 수없이 많은 심리학 실험에서 반복, 검증되어왔다. 결론부터 이야기하면, 내가 아무리 객관적인 태도를 견지하려고 노력해도 다른 사람들도 '나와 같다'고 믿는 왜곡이 나타난다. 타인의 생각, 믿음, 감정, 선호 등이 '나와 같을 것'이라고 착각하는 것이다.

잡곡밥을 좋아하는 사람에게 흰밥과 잡곡밥을 좋아하는 사람들의 비율이 어떻게 될 것 같으냐고 물어보면, 잡곡밥을 좋아하는 사람이 더 많을 것이라 답한다. 이 밖에도 조직에서는 자신의 기획안을 지지하는 사람을 과장해서 추정하고, 투표장에서는 중도성향의 유권자가 내가 지지하는 진영으로 움직이는 비율도 과장해서 예측한다. 심지어 윤리적으로 문제가 될 수 있는 행동도 자신이 윤리적으로 허용 가능하다고 생각하면 주변 사람들도 자신의 의견에 더 많이 동의할 것이라고 믿는다.

그런데 실제 우리가 사는 세상에서 다른 사람들은 결코 나와 같지 않다. 다른 사람들은 나와 똑같이 생각하고 느끼지 않는다. 스탠퍼드대학교 심리학과 리 로스Lee Ross 교수는 이러한 생각의 오류를 '허위합의효과false consensus effect'라고 명명했다. 사람들은 남들도 자신처럼 생각하고 느낄 것이라고 착각하고, 심지어 자신과 의견이 같지 않으면 비정상적이라고 여기기도 한다. 근거가 없는데도 사람들은 그저 다른 사람들도 자신과 같은 방식으로 세상을 해석하고 살아갈 것이라고 믿는 것이다.

1977년, 로스 교수는 실험에 참가한 학생들에게 설득과 태도 변화에 관해 연구하고 있는데 '조 레스토랑에서 식사하세요'라고 쓰인 샌드위치 보드(홍보판 두 개를 두 줄로 잇고 그 사이에 머리를 넣어 조끼처럼 입고 홍보하는 도구)를 착용하고 30분간 캠퍼스를 다니며 홍보할 수 있겠느냐고 물었다. 그러고 나서 다른 학생들도 이 일을 하려고 나설지 예측해보라고 했다. 심리학 연구에 도움이 되는 일이니 보람을 느낄 수 있고 홍보 행위 자체에 흥미를 느낄 수도 있지만, 한편으로는 홍보 차림 때문에 민망하고 부끄러울 수도 있다. 과연 학생들의 반응은 어땠을까? 홍보판을 착용하고 다닐 용의가 있다고 응답한 학생들은 다른 학생들도 할 것이라고 64.6퍼센트나 응답한 반면에 거절한 학생들은 31.2퍼센트만이 다른 학생들도 할 것이라고 추정했다. 두 경우 모두에서 학생들은 대부분 다른 학생들도 자신과 같은 선택을 할 것이라고 생각한 것이다.

사람들이 다툴 때, 길 가는 사람에게 한 번 물어보자고 제안하는 것 역시 허위합의효과 때문이다. 또한 정치인들이 '국민의 뜻'이라는 식상한 수사를 쓰는 것도, 투자자들이 자신이 투자한 주식과 코인만큼은 오를 것이라 굳게 믿는 것도 허위합의효과다.

나 역시 허위합의효과에 사로잡혀 있다. 다른 사람들이 내 강의와 글을 좋아할 것이라 착각하며 살고 있다. 그뿐만이 아니다. 내가 고등학생일 때 '농구의 신'은 마이클 조던Michael Jordan이었고 내 또래 친구들 역시 조던이 최고의 농구선수라고 인정하겠지만(이 표현도 허위합의효과일 수 있다), 내 큰아들 서현이에게 최고의 농구선수는 스테폰 커리Stephen Curry다. 허위합의효과에 사로잡힌 나는 아들에게 종종 조던과 커리 중에서 누가 진정한 농구의 신인지 검색해보자고 한다.

재미있는 사실은 세상을 잘못된 렌즈로 바라보는 것과 같은 허위합의효과가 인생에 유리하게 작용할 때도 있다는 것이다. 다른 사람도 나와 같다고 생각하며 행동하는 것은 자존감 향상에 도움이 될 뿐만 아니라 불리한 상황에서도 자신감을 유지할 수 있는 전략이기 때문이다. 그래서 중요한 프레젠테이션을 앞두고 있다면 나와 같은 사람이 있다고 믿고 자신 있게 시작하는 편이 낫다.

네덜란드 호로닝언대학교University of Groningen 사회심리학과 남키예 커든부르흐Namkje Koudenburg 교수와 그의 동료들은 정치적 믿음이 강한 사람들이 중도성향을 자신의 편으로 간주하는 경향이 강하다는 사실을 연구해 『심리과학』 저널에 발표했다. 연구팀은 실험 참가자들에게 투표를 안 한 사람들이 투표를 한다면 누구를 지지했을지 물었다. 정치색이 약한 사람들은 자신이 지지하는 쪽으로 그들이 투표했을 것이라는 믿음이 약했다. 하지만 정치적 신념이 강한 집단은 자신이 지지하는 쪽으로 투표했을 것이라는 믿음이 매우 강했다.

대부분의 상황에서 관건은 반대의견을 가진 사람을 설득하는 것이 아니라, 이도 저도 아닌 사람을 내 편으로 끌어오는 것이다. 중립적인 의견을 가진 사람을 내 편처럼 대하고 좋아해야 상호성의 원리에 따라 설득 가능성도 높아진다. 또한 확신에 찬 행동은 깊은 인상을 남겨 이후에 다른 좋은 기회를 얻을 가능성을 높일 수 있다.

　　김장훈의 〈나와 같다면〉에서 화자는 상대방이 나와 같기를, 내 마음과 똑같기를 바란다. 심리학자로서 나는 이 노랫말의 '같다고 생각'하는 것 자체가 허위합의효과로 인한 착각이라고 충고하지 않겠다. 지금 당장은 상대방도 나와 같다는 믿음으로 자기 자신을 위로하되, 마냥 그 상태에서 하염없이 그 사람을 기다리지는 말라고 조언하고 싶다. 지금은 상대도 나와 같다고 생각하면서 위안을 삼되, 직접 대면할 때는 같은 마음일 것이라는 가정은 냉정하게 접고 자신의 마음만 솔직하게 표현하라고 말하고 싶다.

♫ 김장훈 | 나와 같다면

○.

감정에
　　　　끌려가지 않으려면

영국 스코틀랜드 출신의 철학자이자 경제학자, 역사
가인 데이비드 흄David Hume은 "이성은 정념의 노예
다"라는 말을 남긴 바 있다. 인간의 판단과 행동은 이
성이 아니라 감정에 의해 결정된다는 말이다.

　　흄이 세상을 떠난 지 220여 년이 지난 2000년
에 오리건대학교University of Oregon 심리학과 교수이자
미국 의사결정연구회 회장인 폴 슬로빅Paul Slovic은 흄
의 명언을 과학적으로 입증한 뒤 '감정 휴리스틱affect
heuristic'이라고 이름 지었다.

휴리스틱이란, 인간이 판단과 의사결정을 내릴 때 가능한 모든 조건을 따져가며 합리적인 판단을 하는 것이 아니라 직관에 따라 신속하게 어림짐작하는 것을 말한다. 경제학의 합리적 의사결정 모형 가정과 달리 인간은 모든 가능한 조건을 나열할 만큼 충분한 지식과 상상력을 갖추지 못했고, 각 조건의 확률을 정확히 계산하는 것도 불가능하며, 무엇보다 뇌가 그런 계산에 적합하도록 진화하지 않았다. 인류의 조상이 사냥 중에 수풀 속에서 부스럭거리는 소리를 들었다면 모든 가능성을 따져가며 계산하는 것이 아니라 경험을 바탕으로 맹수인지 사냥감인지를 재빨리 판단하는 것이 생존에 유리했을 것이다.

휴리스틱 가운데 사람들이 가장 많이 쓰는 것이 바로 감정 휴리스틱이다. 인간은 어떤 대상에 감정적으로 끌리면 부정적인 측면은 낮게 평가하고 긍정적인 측면은 높게 평가한다. 소위 말해 '좋아하냐 싫어하냐'가 판단하는 데 가장 중요한 기준이 된다. 좋아하면 콩깍지가 씌여 뭘 해도 예쁘고 사랑스럽기 마련이다. 좋은 학교를 졸업하면 능력도 좋을 것 같다고 판단하는 '후광효과halo effect'도 일종의 감정 휴리스틱이라 할 수 있다. 객관적으로 다를 게 없어도 감정에 따라 얼마든지 다른 판단이 가능한 것이 인간이다.

사회심리학 분야의 개척자 솔로몬 애시Solomon Asch의 말처럼 메시지의 출처가 메시지의 의미를 만드는 법이다. 애시는 학생들을 두 집단으로 나누어 "때때로 작은 반란은 좋은 결과를 가져온다a little rebellion now and then is a good thing"는 말의 출처를 미국의 3대 대통령 토머스 제퍼슨Thomas Jefferson과 러시아 공산주의 혁명가 니콜라이 레닌Nikolai Lenin이라 각각 따로 알려준 뒤 이 말에 대한 찬반 의견을 물었다. 실험이 진행되었던 때는 제2차 세계대전이 끝나고 냉전이 본격화되던 1948년이었다. 제퍼슨의 명언이라 들었던 미국의 대학생들은 대부분 찬성했지만, 레닌의 말로 들었던 그룹은 모두 반대의견을 보였다. 즉 말의 내용이 같다고 해서 영향력이 같은 것은 아니다. 말의 내용보다 누가 말하느냐가 더 중요하다.

주목해야 할 점은 감정 휴리스틱의 독특한 특성인데, 바로 대상의 호감도가 반드시 그 대상에만 머물러 있지 않다는 데 있다. 스탠퍼드대학교 심리학과 로버트 자이언스Robert Zajonc 교수 팀은 실험 대상자에게 100분의 1초 동안 웃거나 찡그린 얼굴 사진 혹은 다각형 도형이나 빈 슬라이드를 보여준 후, 생소한 한자를 하나 보여주면서 마음에 드는지 아닌지를 질문했다. 미소 띤 얼굴을 본 사람들은 처음 본 한자임에도 대부분 호의적인 평가를 내렸다. 100분의 1초면 말 그대로 눈 깜짝할 사이다. 그 짧은 순간에 웃는 얼굴 사진을 본 사람들에게 긍정 감정이 일었고, 이후 판단에 지대한 영향을 미쳤다는 것이 감정 휴리스틱의 놀라운 효과다.

문화인류학자 제임스 프레이저James Frazer의 '전염의 법칙'에 따르면 사람들은 단순한 접촉만으로도 어떤 것의 속성이 다른 것으로 옮겨갈 수 있다고 생각한다. 바퀴벌레나 대변이 담겨 있던 컵을 세제로 깨끗하게 씻고 살균 처리까지 해서 깨끗한 물을 담아서

주어도 사람들은 선뜻 물을 마시지 못한다. 마음속에서는 혐오하는 무언가가 컵에 닿는 순간 이미 혐오적 속성이 전이되었다고 속단하기 때문이다. 전염의 법칙은 부정성에 더 강하게 나타나지만, 긍정성일 때도 나타난다.

그런데 전염의 법칙이 꼭 접촉을 통해 나타나는 것은 아니다. 감정이 매개가 되면 아무런 접촉이 없더라도 전염이 쉽게 일어난다. 멜로망스의 〈선물〉에서 별 생각 없이 지나치던 것들이 예뻐 보였던 이유도 감정 휴리스틱 때문이다.

또한 쇼핑몰에 사람들이 좋아할 만한 키워드로 가득한 것도 감정 휴리스틱 때문이다. 사람들은 New, Premium, Luxury, Best, Good, Prime, Choice, Superior와 같은 단어를 좋아하고, 상품 옆에 붙은 이런 태그만 보아도 감정 휴리스틱이 무의식중에 작동한다. 꼼꼼히 비교해볼 기회는 Good Choice, Best와 같은 문구를 보는 순간 사라진다.

멜로망스의 〈선물〉을 들을 때면 감정 휴리스틱

이 작동되어 괜스레 기분이 좋아진다. 하지만 이런 노래를 들으며 온라인쇼핑몰이나 중고 사이트를 헤매다간 쓸데없는 물건을 사기 십상이다. 이럴 때는 그동안 하기 싫어서 미루어두었던 일들을 하면서 감정이 전이되기를 바라는 편이 낫다.

♬ 멜로망스 | 선물

○.

경외심은

우리를 하나로 만든다

사람들에게 경외심을 불러일으키는 자연의 힘이라는
것이 있다. 일식, 오로라, 유성우 등과 같은 천문 현상
부터 높은 산, 깊은 바다와 같은 자연 풍경, 그리고 화
산 폭발, 쓰나미, 태풍, 가뭄 등의 자연재해에 이르기
까지 수많은 자연현상에 사람들은 경외심을 느낀다.
경외심은 인간의 유한한 힘으로 저항할 수도, 인간의
유한한 지식으로 이해할 수 없는 자연의 무한한 힘을
경험할 때 나타난다.

그렇다면 자연에 대한 경외심을 느낄 때, 사람

들은 어떤 반응을 보일까? 내적으로 경외심을 느끼는 상태에 그저 머물러 있을까, 아니면 생각과 행동에 어떤 변화가 일어날까?

인류의 조상은 자연에 대한 경외심을 느낀 그 순간에 이를 설명하기 위한 자연의 법칙을 만들어냈다. 그래서 탄생한 것이 바로 신화, 민담, 전설이다. 이 설화들은 때로는 인간의 불완전성을 극복하기 위한 이야기의 형태로 나타났고, 때로는 생존을 위협하는 중요한 정보에 대한 학습의 목적으로 구전되었다.

하지만 과학을 장착한 현대인은 우리의 조상들만큼 자연현상을 두려워하지 않는다. 옛날에는 피할 수 없던 자연재해도 이제는 예측 가능하며 심지어 대비책까지 마련해놓았다. 게다가 상당 부분 과학적으로 설명도 가능하다. 그럼에도 사람들은 여전히 오로라, 일식, 혜성과 같은 자연현상을 찾고 기다린다. 과학을 장착한 인간은 놀라운 자연현상을 보면서 과학적 설명까지 곁들이며 경외심을 품는다. 과학적 설명으로는 경외심이란 감정을 배제하지 못한 것이다. 경외심은 과학적 설명으로 해소될 수 없는 감정임이 틀림없다.

　　사람들이 경외심을 느낄 때, 가장 자연스러운 심리적 반응은 무엇일까? 캘리포니아대학교 어바인캠퍼스University of California, Irvine 심리과학과 숀 골디Sean Goldy 교수 팀은 280만 건이 넘는 트위터 데이터를 분석해 자연현상에 대한 경외심이 사회성에 큰 영향을 미치고 있음을 확인했다. 2017년 태평양에 면한 미국의 오리건주에서 대서양 연안의 사우스캐롤라이나주까지 미 대륙 열네 개 주를 관통하는 개기일식이 펼쳐졌다. 개기일식이 직접 지나가는 경로에 있던 사람들은 경로 밖에 있던 사람들에 비해 더 높은 경외심의 트윗을 수도 없이 날렸다. 경외심은 인간이 신비한 자연현상을 경험할 때 나타나는 자연스러운 반응임이 입증되었다.

　　그렇다면 경외심을 느낀 사람들에게서 어떤 변화가 나타났을까? 연구팀은 개기일식 경로 안에 있던 사람들이 보인 경외심을 넘어선 '친사회적 태도'에 주목했다. 개기일식을 직접 본 사람들은 자기중심적 경향이 낮았고, 자신이 속한 집단을 중요시 여겼다. 이들은 주변 사람들과 친밀하게 지내면서 함부로 대하지 않았고, 겸손한 자세로 조심성 있게 행동했다.

자연현상에 대한 경외심을 느낀 사람들은 '나'보다는 '우리' 중심의 집단적 언어를 사용했으며, 소속감과 겸손함 같은 사회적 가치를 중시했다. 즉 경외심을 촉발하는 자연현상은 단순히 개인적 차원의 정서 경험만을 유발하는 것이 아니라 집단의 응집력을 높이고 구성원들의 친사회적 성향을 촉발하는 매개체로 기능한다는 것이 분명해졌다.

그럼 별빛이 내린 풍경은 사랑을 더 깊게 만들 수 있을까? 결론부터 말하자면 심리학적으로 별빛이 내린 밤에는 누구나 '금사빠'가 되기 쉽다.

그런 의미에서 마크툽의 〈오늘도 빛나는 너에게〉는 현실적으로 가능한 이야기다. 우리가 사는 한반도에서 마크툽이 노래한 "별빛이 내린 밤"은 보기 드문 자연현상이고, 그 별빛으로 인해 "어둠이 없는 밤"은 관찰하기 어려운 자연현상이다. 이런 경험을 한다면 자연의 신비로움에 대한 경외심을 느낄 수밖에 없을 것이다. 그런데 경외심이 개인적 차원에서 느끼는 감정이라면, 경외심이 유발하는 사회적 결속력은 집단적 차원의 경험이다. 이로 인해 "별빛이 내린 밤"과 같은 풍경이라면 "널 닮아가는 나"도 있지만, '날 닮아가는 너'도 있는 것이다. 그래서 "나의 모든 날들을 다 주고 싶"고 "내가 더 좋은 사람이 되고 싶은" 자기희생적인 친사회적 표현도 나올 수 있는 것이다. 또한 "같은 맘 속에 같은 꿈이 피어"나기도 좋은 조건이다. 그야말로 〈오늘도 빛나는 너에게〉 노랫말 속 자연현상은 서로가 '하나 됨'을 느끼는 최적의 조건이라 할 수 있다.

〈오늘도 빛나는 너에게〉의 화자가 경이로운 자연현상을 보며 사랑이 깊어짐을 경험하는 것은 골디 교수의 논문 제목처럼 '경외심이 유발한 사회적 효과'의 일부다. 하지만 사랑을 고백할 때 반드시 한 가지는 주의해야 한다. 경외심으로 시작된 친사회적 태도는 그리 길게 유지되지 않는다는 점이다.

앞서 이야기한 개기일식 경로에 있었던 사람들의 경외심은 개기일식이 진행되던 때에만 유효했다. 개기일식이 끝나자마자 경외심에 관한 트윗들은 사라졌다. 이와 더불어 겸손, 친애를 포함한 집단적 표현과 친사회적 태도와 관련한 트윗들 역시 급속히 감소했다. 결국 사람들은 경이로운 자연현상을 경험하는 순간에만 자기중심성에서 벗어나 이타적인 모습을 보였던 것이다.

그렇다면 마크툽의 노랫말 속 화자 역시 별빛이 내린 밤에 일시적으로 느낀 감정일까? 마크툽은 '너'가 별빛을 대신해 "내 세상 속에 빛"이 되었다고 노래하고 있다. 사랑하는 사람이 별빛이 되어 항상 자신을 비추고 있다면 일시적인 감정이 아니라 노랫말처럼 지금 모습 그대로 영원할 수 있지 않을까? 부디 그랬으면 좋겠다.

♫ 마크툽 | 오늘도 빛나는 너에게

비가 내릴 때
슬픔이 밀려드는 이유

비는 다양한 상징성을 지닌다. 에픽하이의 〈우산〉에서 비는 눈물에 비유되어 슬프고 외롭고 우울한 정서를 떠올리게 하고, 김광석의 〈흐린 가을 하늘에 편지를 써〉에서 비는 번잡한 상념을 씻어내는 계기를 만들어준다. 내리는 비가 우울한 비라면 우산을 써서 막아줄 사람이 필요하고, 상념을 씻어내는 비라면 반가이 맞이할 만하다.

사실 고대부터 비는 인간에게 이중적인 존재였다. 촉촉하게 대지를 적시는 비는 생명의 근원이었지만, 폭우나 홍수는 돌이킬 수 없는 피해를 입혔다. 그러니 사람들이 비를 보며 저마다 다른 정서를 품는 것은 어찌 보면 당연한 일이다. 특별히 우울한 상태가 아니라면 빗소리는 마음을 진정시켜준다. 긴 가뭄 끝에 찾아온 단비를 떠올려보자. 인류의 긴 역사에서 비는 '생존'과 '안정'의 대상이었고 그로 인해 우리의 DNA 속에 빗소리는 안정으로 각인되었다. 그래서 심리학자들은 스트레스에서 벗어나는 방법으로 '불멍' 외에도 비 오는 풍경을 멍하니 보는 '비멍'을 권한다. tvN 드라마 〈슬기로운 의사 생활〉에서 남녀 주인공 모두 창밖에 내리는 비를 좋아한다. 심리적 스트레스가 많은 의사라는 직업군이 비 오는 풍경을 좋아한다는 설정이 인상 깊었다.

빗소리 자체가 음악적 의미(사실 빗소리는 음악적 의미를 넘어서 그 자체로 심리적 치료 효과가 있다는 연구도 많다)를 담고 있어서 그런지 비를 주제로 혹은 매개로 다룬 노래들이 무척 많다. 사람들은 내리는 비에 저마다의 생각과 감정을 투영하며 노래를 만들고 또 듣는다. 나 역시 비가 내릴 때면 〈우산〉과 〈흐린 가을 하늘에 편지를 써〉를 듣는데, 심리학 관점에서 노랫말을 보면 후자가 더 잘 쓴 가사라고 생각한다. 특히 "비가 내리면 음 내가 간직하는 서글픈 상념이 잊혀질까"라고 노래하는 부분이 그렇다. 가사처럼 창밖에 주룩주룩 내리는 비를 보고 있노라면 빗줄기가 세상의 먼지를 씻어내듯 내 마음의 상념도 씻어낼 수 있을 것만 같다.

문화인류학자 프레이저는 『황금가지』에서 인간은 겉으로 보이는 모습을 실재처럼 인식한다는 '유사의 법칙'을 제기한 바 있다. 분명 달콤한 초콜릿인데 생긴 모양이 바퀴벌레와 똑같아서 맛있게 씹어 먹기가 꺼려진다면 유사의 법칙 때문이다. 이 법칙에 따라 사람들은 만물을 씻어내는 비의 모습에서 깨끗함과 상쾌함을 연상하고 자신의 몸과 마음도 깨끗하게 해줄 것을 기대한다.

특히 마음 상태가 부정적일 때 사람들은 더욱 비를 원한다. 미시간대학교University of Michigan 심리학과 스파이크 리Spike W. S. Lee 교수 팀은 실험 참가자들을 두 그룹으로 나눈 뒤 각각 선한 행동과 부도덕한 행동을 떠올려보라고 했다. 그리고 실험이 끝난 뒤에 보상으로 물티슈와 볼펜 중 하나를 선택하게 했다. 선한 행동을 떠올린 참가자들은 37퍼센트만이 물티슈를 택했지만, 부도덕한 행동을 떠올린 참가자들은 무려 75퍼센트가 물티슈를 택했다. 마음이 부정적인 생각에 휩싸일 때 물로 씻어내고 싶은 욕구가 자연스럽게 인 것이다.

비의 또 다른 효과는 부정적인 생각에서 벗어나 새로운 방향으로 생각을 유도한다는 데 있다. 미국의 인지과학자 스콧 배리 코프먼Scott Barry Kaufman은 샤워가 신체적으로 긴장을 완화해주고, 인지적으로 새로운 관점을 갖게 해준다고 주장했다. 코프먼은 전 세계 사람들을 대상으로 새로운 아이디어를 떠올리는 순간이 언제였는지를 조사했는데, 조사 대상자 가운데 72퍼센트가 샤워를 하던 중이라고 답했고, 14퍼센트는 아이디어를 얻기 위해 의도적으로 샤워를 한다고 답했다. 이 결과를 보니 도를 깨우치기 위해 옛 도인들이 산속의 폭포수를 찾아 나섰던 것은 우연이 아닌 듯하다. 어쨌거나 한마디로 비가 직접적으로 서글

픈 상념을 씻어주지는 못하지만, 서글픈 상념을 멀리
하고 다른 관점에서 생각하는 계기는 충분히 만들어
줄 수 있다.

♬ 에픽하이
우산

♬ 김광석
흐린 가을 하늘에
편지를 써

○.

왜 잊고 싶은 기억일수록
　　　　자꾸 생각나는 걸까

누구에게나 지우고 싶은 기억이 하나쯤은 있을 것이
다. 노력만으로도 그러한 기억을 지울 수 있다면 얼마
나 좋을까? 하지만 잊으려 노력할수록 계속 떠오르기
마련이다. 김광석의 〈잊어야 한다는 마음으로〉도 마찬
가지다. 상대방을 잊기 위해 노력하지만 그럴수록 잊
지 못해 긴긴밤을 지새울 뿐이다. 왜 한 번 떠오른 기억
은 지우기 힘든 것일까?

　　　1987년 하버드대학교 심리학과 교수였던 대
니얼 웨그너Daniel Wegner는 흰곰 실험을 진행했다. 웨

그녀 교수는 실험에 참가한 대학생들에게 5분 동안 머릿속에 떠오르는 모든 단어를 자유롭게 말하되 흰곰을 생각하지 말라고 지시했다. 그리고 흰곰을 말하거나 생각날 때마다 벨을 눌러달라고 요청했다. 그런 다음 추가 시간 5분 동안 흰곰을 생각하라고 지시한 뒤 마찬가지로 흰곰을 말하거나 생각날 때마다 벨을 눌러달라고 했다. 실험 결과 학생들은 흰곰을 생각하라고 할 때보다 흰곰을 생각하지 말라고 했을 때 벨을 더 많이 눌렀다. 이처럼 생각을 뜻대로 조절하는 것은 결코 쉬운 일이 아니다. 이렇게 생각을 억누르면 할수록 더 생각나는 현상을 '사고억제효과effect of thought suppression'라고 하며, '흰곰효과white bear effect' 혹은 '반동효과reactance effect'라고도 한다. '코끼리는 생각하지 마'로 유명한 '프레이밍효과framing effect'도 비슷한 맥락이라 할 수 있다.

그래서 잊으려고 노력하면 할수록 더 잊히지 않는다. 실험에서 흰곰을 생각하게 만드는 것이 오히려 덜 생각나는 것처럼 떠오르는 대로 두는 편이 낫다.

하지만 이것이 말처럼 쉬운 일인가? 흘러가는 대로 두는 방법이 탐탁하지 않다면 웨그너의 다른 실험을 주목해보자. 웨그너는 실험을 통해 흰곰효과를 줄일 수 있는 효과적인 대안 두 가지를 제안했다.

하나는 흰곰 대신에 다른 것을 떠올리라는 것이었다. 웨그너는 학생들에게 흰곰이 떠오를 때마다 빨간색 폭스바겐을 생각하라고 지시했는데, 학생들은 주의를 돌릴 수 있는 대상이 생기자 흰곰 생각하지 않기를 훨씬 잘 해냈다. 그러므로 〈잊어야 한다는 마음으로〉에서 헤어진 연인을 잊기 위해 유리창에 사랑한다는 말을 썼다가 지우는 행위를 반복하는 것은 결코 상대방을 잊을 수 없는 방법이다. 진짜로 상대방을 잊고 싶다면 유리창에 이번 주에 해야 할 일들을 쓰는 편이 낫다. 무언가 떠오를 때 다른 생각이나 행동을 하는 것은 생각을 조절하는 매우 효과적인 대안이다.

다른 하나는 생각을 미루라는 것이었다. 학생들은 흰곰이 떠오를 때 떠올리면 안 돼라면서 억제하기보다 30분 후에 떠올리자라고 마음먹자 흰곰 생각을 덜할 수 있었다. 다시 강조하지만 생각을 통제할 수 있다고 믿는 것은 착각이다. 통제하려 들지 말고 생각을 잠시 미루다 보면 다른 대상이 주의를 차지하기 마련이다. 인간은 자신의 생각이라 하더라도 마음대로 통제할 수 없다. 특히 감정적으로 깊이 얽혀 있을수록 더욱 그렇다. 잊으려 노력해도 잊히지 않고, 어떤 때는 일부러 떠올리려고 해도 생각나지 않는다.

사람들은 경험적으로 사고억제효과를 잘 알고 있다. 우리는 누군가를 잊을 거라고 하는 말이 진짜 잊을 수 있어서 하는 것이 아님을 안다. 오히려 상대방과 함께했던 모든 추억을 영원히 잊지 않기 위해 역설적으로 그런 말을 한다는 것도 잘 안다. 그렇기 때문에 김광석은 잊어야 한다는 것을 알면서도 그러지 못해 긴긴밤을 지새울 수밖에 없고, 우리는 〈잊어야 한다는 마음으로〉를 들으며 평생 잊지 못할 누군가를 떠올린다.

다소 슬픈 웨그너의 실험을 살펴보자. 세상 모든 대상을 흰곰효과로 설명할 수 있는 것은 아니다. 어떤 대상은 생각하지 말라고 하면 생각을 멈출 수 있다.

새로운 실험에서 웨그너는 대학생들에게 '엄마를 생각하지 말라'고 지시했다. 학생들은 흰곰을 생각하지 말라는 말을 들었을 때와 달리 엄마를 떠올리지 않는 데에는 뛰어난 능력을 보였다. 흰곰을 생각하지 말라는 말에 그렇게 흰곰을 떠올렸던 학생들이 엄마를 생각하지 말라는 지시에 엄마 생각을 지워버린 것이다.

그렇다면 흰곰과 엄마의 차이점은 무엇일까? 플로리다주립대학교Florida State University 심리학과 로이 바우마이스터Roy Baumeister 교수는 대학생들은 부모에게서 독립하고자 하는 의지가 강하기 때문에 그런 의지가 무의식중에 반영된 것일 수도 있고, 아니면 '엄마'라는 단어에서 연상되는 정서가 죄책감과 미안함이기 때문에 이런 불편한 감정을 느끼고 싶지 않아서일 것이라며 여러 가설을 내세웠다.

여기서 중요한 사실은 엄마라는 대상은 흰곰과 달리 모두의 마음속에 각기 다른 이미지의 존재라는 것이다. 정서적, 인지적으로 복잡하게 얽힌 대상을 섣불리 일반화하기는 어렵다. 사람마다 엄마를 생각하거나 혹은 생각하지 않는 것에 대한 나름의 수많은 이유가 있을 테니까 말이다. 나는 사랑도 엄마라는 존재처럼 저마다의 마음속에 다른 이미지로 자리 잡고 있을 것이라고 생각한다. 그래서 대상에 품는 정서적, 인지적 속상에 따라 잊힌 사랑도, 평생 잊지 못할 사랑도 있는 법이다.

♫ 김광석 | 잊어야 한다는 마음으로

0.

진심을 전할 때는
손 편지를 써야 하는 이유

편지는 디지털 메시지보다 진실된 수단이다. 하지만 문자메시지와 카카오톡, 각종 SNS 등이 대세인 지금은 구시대의 산물처럼 여겨진다. 그렇다고 해도 편지라는 물성이 주는 고유한 매력까지 거부하기는 어렵다. 게다가 사람들은 여전히 편지가 정보전달을 넘어 마음을 전달하는 수단이라고 믿는 것 같다. 이를테면 "모른 척 건넨 편지에 쓰인 고민을 모를 리 없겠지만 서툰 진심 종이 가득히 담긴 나의 마음을 꼭 알아주시오"와 같은 폴킴의 〈사랑하는 당신께〉 노랫말은 편지가 진심을 전해준다고 설득한다. 그런데 과학적으로 옳은 믿음인지는 따져보아야 한다.

생각해보면 내 학창 시절만 해도 모든 사랑의 시작은 편지였다. 바로 전해주지도 못하고 누군가에게 부탁해 전달한 편지에 답장을 기다렸던 시간들은 통째로 애틋했다. 긴 편지를 쓰기 힘들 때는 대학 학보에 짧은 글을 함께 보내 마음을 전달하기도 했다. 그래서인지 지금도 손으로 눌러 쓴 편지가 디지털 메시지보다 더 진실된 것이라고, 적어도 나와 비슷한 시대를 살았던 사람들은 믿는다. 편지는 그저 아날로그적 감성이 아니라 진정성의 전달 매체라고 말이다.

그렇다면 디지털매체에 익숙한 지금의 젊은 세대들에게 〈사랑하는 당신께〉의 가사처럼 손 편지를 쓰게 하면 서로에게 더 솔직해지고 신뢰감도 높아질까? 텍사스대학교 오스틴캠퍼스 심리학과 리처드 슬래처 Richard Slatcher 교수와 제임스 페니베이커James Pennebaker 교수는 편지가 연인 사이의 관계적 친밀감을 높일 수 있음을 증명했다. 그들의 논문 제목은 'How Do I Love

Thee? Let Me Count the Words: The Social Effects of Expressive Writing'인데, 우리말로 해석하면 '내가 당신을 어떻게 사랑하냐구요? 단어를 세어볼게요'다. 내가 표현한 단어의 양이 사랑의 크기를 표현한다는 아주 감성적인 제목이다. 제목에서 'you'를 고어 투인 'thee'로 표현한 것은 이 연구에 고전적 소통 수단인 편지가 활용되었기 때문이다.

하지만 아쉽게도 실제 실험에서는 손 편지가 이메일로 대체되었다. 연구팀은 실험에 참가한 43쌍의 연인을 무작위로 두 그룹으로 나눈 뒤 서로에 대한 만족도 등을 측정했다. A 그룹은 상호 관계에 대한 자신의 생각과 느낌을 3일 동안 하루 20분씩 이메일로야 했고, B 그룹은 그날 한 일이나 활동에 관한 글을 써야 했다. 단순히 한 일을 쓰는 것에 비해 관계에 관한 생각과 느낌을 쓰는 것은 더 깊은 사유를 요한다는 사실을 기억하자.

연구팀은 실험의 목적이 일상생활이나 연인 관계에서 활용되는 단어의 유형을 계량화하기 위함이라고 안내해 본래의 실험 목적을 숨겼다. 또한 연구팀은 실험에 참가한 모든 사람에게 10일 동안 주고받은 문자메시지도 제출해달라고 해 연인에게 쓰는 언어를 따로 분석했다.

실험 결과 A 그룹은 일상생활에서 파트너에게 보내는 단어의 질이 달라졌다. A 그룹은 B 그룹에 비해 긍정적이든 부정적이든 감정을 표현하는 단어가 통계적으로 유의미하게 늘어났다. 서로가 솔직한 의사소통을 더 많이 하게 된 것이다. 서로의 관계에 대해 장문의 글로 써보는 것은 관계의 깊이를 더해주는 것이 분명했다. 연구팀은 실험이 종료되고 3개월이 지나서도 A 그룹이 관계적 안정성과 만족도 면에서 더 좋은 결과를 보인다는 사실을 확인했다. 결국 서로에 대한 느낌과 생각을 글로 써보는 것은 서로에게 솔직해지고 상호 간의 신뢰를 높여줄 수 있다.

그러니 솔직한 마음을 전하고 싶다면 〈사랑하는 당신께〉 가사처럼 진심을 담아 한 줄 한 줄 또 한 줄 써 내려가면 된다. 그리고 의사소통의 질을 높이고 싶다면 지금 당장 대화를 시도하지 말고 20분 정도 그 사람에 대한 생각을 정리한 후에 이메일이든 편지를 보내도록 하자. 의사소통의 질은 대화의 빈도와 양이 어느 정도 보장하는 것은 맞지만, 제일 중요한 것은 관계에 대해 편지를 쓰듯 한 줄 한 줄 새기는 과정이다.

♫ 폴킴 | 사랑하는 당신께

돈과 행복의
상관관계

돈이 곧 행복은 아니지만, 불행의 이유는 대부분 돈이다. 돈을 떼고 우리의 삶을 상상할 수 없듯이, 돈은 심리학에서도 아주 중요한 주제다. 최근에 행동경제학이 널리 알려진 덕분에 심리학에서 경제문제를 다룬다는 것이 이제는 상식이 되었지만 내가 대학에 다닐 때만 해도 심리학과가 상경 계열에 속해 있다고 하면 의아하게 생각하는 사람들이 많았다(많은 대학교에서 심리학과는 사회과학대학 소속이지만 내 모교에서 산업심리학과는 상경 계열이었다).

여하튼 내가 하고 싶은 말은 아주 긴 세월 동안 돈은 심리학자들에게 매우 중요한 연구 주제였다는 것이다. 돈이 사람을 행복하게 만들 수 있는지, 돈이 사람을 악하게 또는 선하게 만드는지, 돈과 자제력 혹은 돈과 자존감은 어떤 관련이 있는지, 돈이 많으면 좋은 부모가 될 수 있는지, 부자와 빈자 중 누가 더 이타적인지 혹은 도덕적인지, 동기유발을 위한 보상과 벌금의 작동 원리는 무엇인지, 시간은 돈이라고 생각하는 것이 과연 유리한지, SNS에 과시를 하면 어떤 심리적 이득과 손실이 있는지, 경제위기 속에서도 사치품 소비가 많아지는 이유는 무엇인지 등 일일이 열거할 수 없을 만큼 돈에 관해 심리학은 다양한 연구 결과를 내놓았다.

돈과 행복에 관한 주제에 대한 연구만 해도 다양하다. 2023년 5월 1일 기준으로 money, happiness, psychology 키워드를 구글 스칼러Google Scholar에 검색했을 때 무려 90만 건 이상의 연구 자료가 나왔다. 이 중 실증연구 하나를 소개하자면 우리가 일상에서 겪는 좋은 일 가운데 80퍼센트는 돈과 관계없지만, 일상의 비극 중 80퍼센트는 모두 돈과 관련되어 있다는 것이다.

이쯤에서 떠오르는 문장이 하나 있다. "모든 행복한 가정은 서로 닮았고, 불행한 가정은 제각각 나름으로 불행하다." 바로 레프 톨스토이Lev Tolstoi의 장편소설 『안나 카레니나』의 첫 문장으로, 행복과 불행에 관한 통찰이 돋보인다. 하지만 만일 톨스토이가 이 문제의 원인을 분석했다면 제각각 나름의 이유로 불행해 보였던 가정이 실상은 돈이라는 한 가지 이유로 불행해졌다는 사실을 깨닫게 될지도 모른다. 가난한 가정이 불행한 이유 중 하나는 부자에 비해 돈 걱정을 많이 하기 때문이다.

2019년에 노벨경제학상을 받은 MIT 아브히지트 바네르지Abhijit Banerjee 교수는 가난한 집에서 다툼이 잦은 이유는 돈에 대해 너무 많이 생각하기 때문이라고 주장했다. 사람들은 돈을 생각하면 감성이 메마르고 이성적으로 사고하게 되는데, 그러다 보면 이

성적으로 따지고만 들어 타인의 감정을 충분히 배려하지 못해 다툼이 일어나기 쉽다는 것이다.

이쯤에서 노래도 하나 떠오른다. 래퍼 BE'O의 〈리무진〉이다. 이 노랫말을 보면 가난을 이겨내고 리무진을 탈 만큼 돈이 많아진 BE'O는 "이제 와 건네는 응원은 개뻥"이라며 세상에 냉소적이고 거리감을 둔다. 노랫말처럼 돈이 많아지면 냉소적인 성격으로 바뀔까?

스페인 에사데 경영대학원ESADE Business School의 조르디 쿠아드박Jordi Quoidbach 교수 팀은 벨기에 리에주대학교Université de Liège에서 일하는 374명의 교직원들을 대상으로 일상에서 겪는 여섯 가지 감정을 묘사해달라고 했다. 실험 참가자들은 만족감, 즐거움, 감탄, 흥분, 자부심, 감사와 같은 감정을 유발하게 하는 상황을 떠올렸다.

예를 들면 아주 중요한 일을 마친 뒤, 주말에 연인과 로맨틱한 시간을 보냈을 때, 하이킹 도중 장엄한 폭포를 보았다면 어떤 느낌일지 등과 같은 상황을 떠올렸다. 그리고 그 이야기를 스스로 얼마나 즐기고 누리는지를 평가했다. 결과적으로 재산이 많은 사람일수록 일상의 경험을 제대로 향유하지 못했다. 돈은 소소한 일상의 재미에 흥미를 잃게 하고 사람을 냉소적으로 만든다. 따라서 '소확행'은 부자에게 큰 의미가 없는 말일 수 있다.

또 〈리무진〉에서 눈에 띄는 점은 BE'O가 돈이 많아졌음에도 자기 자신은 변한 것이 없다고 말하는 부분이다. 정말로 갑자기 많은 돈이 생겨도 사람은 변하지 않을까? 노랫말을 보면 큰돈이 생긴 BE'O는 커다란 리무진을 탄다. 리무진은 독립적 공간이 보장된 특별한 차다. 저명한 행동경제학자이자 심리학자인 미네소타대학교의 캐슬린 보Kathleen Vohs 교수에 따르면, 사람들에게 돈이 생겼을 때 나타나는 가장 자연스러운 변화는 개인적 공간을 넓힌다는 것이다. 연구팀은 돈이 사람들에게 미치는 심리적 변화에 관해 실험한 바 있는데, 실험 내용은 다음과 같다.

참가자인 대학생들은 실험 목적과 관계없는 과제를 수행하고 다음 과제를 대기하는 중에 컴퓨터 화면보호기를 목격하게 된다. 이때 연구팀은 학생 절반에게는 열대어가 헤엄치는 화면을, 나머지 절반에게는 돈뭉치가 쌓인 사진을 보여주었다. 그러고 나서 연구팀은 학생들에게 토론 대형으로 의자 두 개를 마주보게 배치하도록 지시했다. 그러자 열대어를 본 그룹은 약 80센티미터 간격으로, 돈뭉치를 본 그룹은 약 118센티미터 간격으로 의자를 배치했다. 돈뭉치를 본 그룹이 자신에게 필요한 개인적 공간을 넓혔다는 것은 비록 사진 속 돈이라 할지라도 그것을 본 것만으로 자기중심성이 강화되었다는 의미다. 즉, 사람들은 돈을 상상만 해도 자기중심적이면서 이기적인 태도를 보이기 쉽다.

　〈리무진〉에서는 돈으로 인한 BE'O의 심리적 변화가 쉽게 눈에 띄지만, 정작 당사자는 변하지 않았다고 말한다. 이는 자기 자신도 눈치채지 못할 정도로 돈이 주는 영향이 강하기 때문일 수도 있고, 돈으로 인해 자신을 둘러싼 환경은 변했지만 자신의 신념만큼은 변하지 않겠다는 의지의 표현일 수도 있다. 나는 후자 때문이라고 믿는다. 돈이 주는 무의식적 영향까지 감안하면 BE'O처럼 자신의 신념을 지속적으로 상기하고 드러내야 자신의 가치관에 따라 행동할 수 있기 때문이다.

○.

행복을 결정하는 것은
　　　　　강도가 아니라 빈도다

BTS의 〈작은 것들을 위한 시〉를 듣고 있으면 다음과
같은 심리학적 물음이 떠오른다. BTS는 왜 작은 것들
을 강조했을까? 그리고 어떻게 작고 사소한 것이 삶의
전부가 될 수 있을까? 일상의 작은 것들이 우리 인생
에 큰 영향을 미치는 이유는 무엇일까? 무엇이 노랫말
의 '너'를 행복하게 할까?

　　　　2021년 세상을 떠난 행복 연구의 세계적인 대
가 에드 디너Ed Diener 교수는 "행복은 기쁨의 강도가
아니라 빈도"라고 정의했다. 그리고 그의 제자인 연세

대학교 심리학과 서은국 교수는 디너의 정의를 인용한 『행복의 기원』에서 행복은 목적이 아니라 생존을 위한 도구임을 강조했다. 우리가 생존을 위해 음식을 먹는 것처럼, 행복감 역시 생존을 위해서라고. 따라서 영양가 높은 맛있는 음식을 한꺼번에 모두 먹는 것보다 매일 꾸준히 음식을 섭취하는 것이 생존에 도움이 되는 것처럼, 한 방에 큰 환희를 경험하는 것보다 여러 번의 작은 기쁨을 느끼는 것이 생존에 유리하다고 강조한다. 다시 말해, 인간은 날마다 자주 기쁨을 느껴야 살 만한 세상이라고 생각하고 행복하다고 느끼게끔 설계되어 있다.

그러니 우리가 하루 동안 무엇을 할 때 작은 기쁨을 느끼는지를 알면 행복에 가까이 더 다가갈 수 있다. 사람마다 기쁨의 원천이 다를 수 있지만, 뇌과학적으로 보면 꼭 그렇지도 않다. 뇌가 보편적으로 기쁨을 느끼는 장면이 있기 때문이다. 보편적 행복을 구체화하면 크게 두 가지다. 하나는 사랑하는(좋아하는) 사람과 함께 있을 때고, 또 하나는 맛있는 음식을 먹을 때다. 이를 종합하면 사랑하는 사람과 맛있는 음식을 먹을 때가 바로 행복한 순간이다. 그렇다. 〈작은 것들을 위한 시〉의 노랫말처럼 거창한 무언가가 아니라 작은 것들이 우리를 행복하게 만들어준다.

그런데 BTS의 이 노래를 듣다 보면 어느 새인가 '나'의 삶은 온통 너이고, 사소한 게 사소하지 않게 느껴지는 까닭이 궁금해진다. 물론 그전에 한 가지 짚고 넘어가야 할 부분이 있다. 삶이 온통 '너'여서 사소하지 않게 된 것일까, 혹은 사소하지 않게 느꼈기 때문에 삶이 온통 '네'가 된 것일까? 결과는 같지만, 과정은 다르다. 논리적으로는 삶이 온통 너로 되기 위해 어떤 사건들이 선행되는 것이 맞다. 따라서 사소한 게 사소하게 느껴지지 않은 일들이 먼저 생겼을 것이라 보는 것이 더 합리적이다. 인간은 작고 사소한 무언가에 집중하면 그 무언가에 대한 중요도가 높아지는데, 이러한 현상을 '사소함의 법칙law of triviality'이라고 한다.

영국의 역사학자이자 경영학자 노스코트 파킨슨Northcote Parkinson이 정부와 기업의 재정위원회의 회의를 분석하면서 이 법칙을 발견했다. 파킨슨은 예산집행 회의에 참석한 사람들이 100억 원을 쓰는 데 고민하는 시간과 단돈 10만 원을 쓰는 데 고민하는 시간이 같다는 사실을 발견했다. 게다가 실제로 파킨슨이 경험한 한 대기업의 임원 회의에서 당시 참석한 임원들은 공장 신축에 들어가는 1억 파운드(약 1,630억 원)라는 큰 예산을 별다른 이견 없이 단 15분 만에 결론 내렸다. 흥미로운 것은 그다음 안건이었다. 회사 건물 앞에 직원용 자전거 거치대를 설치하는 데 들어가는 3,500파운드(약 570만 원)짜리 공사 건에 대해서는 한 시간 넘게 회의했다. 파킨슨은 한 안건을 논의하는 시간은 그 안건에 포함된 예산액에 반비례하는 것 같다고 다소 장난스럽게 '사소함의 법칙'을 정리했다.

　　왜 이런 일이 일어난 것일까? 대부분의 사람은 수백억 원과 수천억 원의 차이를 가늠하지 못한다. 둘 다 큰 숫자라고 막연히 생각한다. 하지만 수백만 원은 체감할 수 있는 금액이기 때문에 충분히 개입할 수 있다. 사업의 규모가 작을수록 잘 알고 있기 때문에 의견을 내기 쉬운 것이다. 게다가 사람들은 자신의 관여도가 높을수록 중요하다고 착각한다. 결국 사람들이 어떤 사안을 중요하게 여길 때는 피부에 와닿을 수 있을 정도로 실감이 나고 그 분야를 어느 정도 알고 있을 때다.

일례로 세계평화나 세계질서는 거대 담론이다. 피부에 와닿지도 않을뿐더러 잘 알지도 못한다. 인류 전체로 보면 정말 중요한 문제지만 개인에게는 먼 나라의 이야기처럼 느껴진다. 오히려 일상의 사소한 일들이 인생의 큰 문제로 다가온다. 자신이 잘 알고 느낄 수 있는 사소한 일들은 몰입을 유도한다. 그런 의미에서 잘 알고 확실한 느낌이 오는 작은 것이 '너'를 지키는 거라고 노래하는 BTS는 사소함의 법칙을 놀랍도록 정확하게 알고 있다.

사실 사소함의 법칙은 사람들의 어리석음을 경계하려는 의도가 강하다. 어떤 대상이 와닿지 않고 잘 모른다고 해서 중요하지 않은 것은 아니다. 관여하기 쉽다고 중요하지도 않은 일에 더 많은 시간을 할애하고, 잘 모른다고 해서 중요하지 않은 것으로 치부해서는 일을 제대로 처리할 수 없다. 하지만 알 수 없는 불안과 불확실성에 휩싸일 때에는 사소함의 법칙이 때로는 큰 도움이 될 수 있다. 내가 잘 알고 있고 또 할 수 있는 눈앞의 작은 일을 처리해야 효능감이 생기기 때문이다. 작은 일에서 성공한 경험이 큰일에도 전이된다면 사소함은 자신감의 원천이 된다. 그러니 불확실성과 불안을 이겨내고 싶다면 작은 일에 우선 집중하고 자신 있게 해나가는 것이 무엇보다 중요하다.

♫ BTS | 작은 것들을 위한 시

0.

기억은 어떻게
우리를 만들어내는가

엊그제 무슨 일을 했는지 기억이 나는가? 아니면 어제 무슨 일을 했는지 떠올려보자. 아마도 여러분은 날짜별로, 시간 순으로 기억의 조각을 맞추어나갈 것이다. 그렇다면 왜 기억은 기억한 시점부터 미래를 향하는 것일까?

기억은 카세트테이프나 영화필름처럼 거꾸로 돌릴 수 없다. 기억의 방향은 사건의 진행 순서를 그대로 복제한다. 초등학교 시절을 떠올려보라고 하면, 자연스럽게 입학 시점부터 생각나기 마련이다. 6학년에서 1학년 순으로 기억하는 일은 거의 없다. 개별 사건도 마찬가지다. 처음에 A라는 사건이 발생하고 이후 B라는 사건이 일어났다면 그 순서대로 기억한다. 기억은 거꾸로 되돌리기 기능이 없다.

옥스퍼드대학교University of Oxford 철학과 교수였던 프랜시스 허버트 브래들리Francis Herbert Bradley는 한 논문에서 기억이 시간 순서대로 진행되는 이유를 설명했다. 인간의 뇌의 생물학적 기능은 생존을 위해 미래 예측에 초점이 맞추어져 있다는 것이다. 즉, 기억은 어떤 사건을 정확히 재생하는 것이 목적이 아니라 생존을 위해 활용하는 도구적 성격을 가지고 있다. 그래서 회상은 자연스럽게 미래를 향한다. 과거 기억도 현재도 모두 미래를 향한다. 미래야말로 뇌가 가장 선호하는 곳이다.

과거, 현재, 미래 중에서 무엇을 가장 많이 생각하며 사냐고 묻는다면 대부분 미래라고 답할 것이다. 하버드대학교 심리학과 대니얼 길버트Daniel Gilbert 교수와 그의 동료들이 조사한 바에 따르면, 사람들이 매일 생각하는 것들 중에 약 12퍼센트는 미래에 관한 것이었다. 하루 여덟 시간 정도 생각한다면, 한 시간은 아직 발생하지 않은 일에 대해 생각한다는 의미다. 시제로 따질 수 없는 생각을 제외하면 사람들은 미래를 생각하는 데 가장 많은 시간을 할애한다. 사람들은 불안한 미래를 걱정하고 때로는 미래에 벌어질 좋은 일들을 상상하며 미래에 집착한다. 그리고 결정적으로 내가 생각하는 미래가 나의 예측에서 벗어나지 않기를 원한다. 한방향으로 빙빙 돌아가는 회전목마처럼 말이다.

한편 길버트 교수 팀은 실험 참가자들에게 멋진 프랑스 레스토랑에서 정찬을 먹을 수 있는 쿠폰을 받는다면 날짜는 당일 저녁, 내일, 일주일 뒤 가운데 언제가 제일 좋겠느냐고 물었다. 대부분이 일주일 뒤를 선호했다. 지금 당장 고급 레스토랑에 간다면 맛있는 음식을 먹는다는 즐거움만을 갖게 되지만, 일주일 뒤를 선택하면 상황은 달라진다. 고급 레스토랑에서 맛있는 음식을 먹을 수 있다는 기대감이라는 추가적인 즐거움으로 일주일이 행복해진다. 그래서 로또는 당첨 발표 당일이 아니라, 발표가 끝난 뒤에 다음 회차를 사는 것이 좋다. 그래야 1등을 꿈꾸며 일주일 동안의 행복을 살 수 있다.

이번에는 미국가톨릭대학교Catholic University of America 심리학과 마틴 세이퍼Martin Safer 교수가 진행한 실험을 살펴보자. 연구팀은 시험 시작 전에 대학생들의 '시험 불안test anxiety' 정도를 측정했다. 그리고 2주 뒤에 학생들의 실제 성적이 아닌 무작위로 성적을 개별 통보한 다음, 학생들에게 시험을 보기 전에 얼마나 떨렸는지 기억해달라고 요청했다. 학생들의 기억은 정확했을까, 아니면 현재 기분에 영향을 받아 과거의 불안 수준을 잘못 기억했을까?

실험 결과 현재 정서에 따라 기억의 왜곡은 매우 쉽게 일어났다. 좋은 성적이 나왔다고 들은 학생들은 실제 시험을 칠 때 느꼈던 불안을 과소평가했으며, 성적이 좋지 않다고 통보받은 학생들은 시험 치기 전의 불안 수준을 과대평가했다. 한마디로 기억은 현재 정서에 휘둘리는 갈대다.

따라서 내가 슬플 때 과거의 부정적 기억은 더 큰 불안으로 나를 덮칠 것이고 기쁠 때는 희미해질 것이다. 슬플 때 과거를 떠올리며 슬픈 음악을 듣는 것은 우울감을 증폭시킬 뿐이다. 이럴 때는 빙빙 돌고 돌아 결국에는 다시 제자리로 돌아오는 회전목마처럼 어차피 시간이 지나면 괜찮아질 거라고 위로해주는 음악을 찾아 듣는 것이 좋다. 슬플 때마다 〈회전목마〉라는 노래를 듣는 사람이 심리적으로 건강한 법이다.

○.
후회 없는

인생이 좋다는 착각

사람들이 인생을 살면서 겪는 가장 큰 후회는 무엇일까? 우리 앞의 생이 끝나갈 때 사람들은 어떤 후회를 하게 될까? 소년 시절의 파랗던 꿈을 달성하지 못한 후회가 클까? 아니면 신념을 저버리고 세상과 타협하는 모습에 대한 실망이 클까? 그것도 아니면 세상에 태어난 이유를 찾지 못한 것으로 인한 후회가 클까?

　　사람들이 세상을 살아가며 하는 후회는 크게 두 가지다. 하나는 어떤 일을 해서 생기는 후회고, 다른 하나는 어떤 일을 하지 않아서 생기는 후회다. 미국의 노스웨스턴대학교Northwestern University 심리학과 닐로스Neal Roese 교수는 전자를 '행동에 대한 후회regret of action', 후자를 '행동하지 않은 일에 대한 후회regret of inaction'로 구분했다. 주식투자를 예로 들면, 매수한 주식의 주가가 떨어지면 행동에 대한 후회를 느낄 것이고, 매수하지 않은 주식의 주가가 올랐다면 행동하지 않은 일에 대한 후회를 느낄 것이다.

그렇다면 둘 중 어떤 후회가 더 클까? 동일 시점에서 비교하면 행동에 대한 후회가 훨씬 크다. 왜냐하면 그 선택에는 기회비용이 수반되기 때문이다. 예컨대 돈을 잃고 나면 가족과 외식할 때 그 돈만 있었다면 더 좋은 음식을 먹었을 텐데 하며 후회할 것이고, 부모님께 용돈을 부치는 순간에도, 취미 활동을 즐길 때도 돈을 써야 하는 일이 생길 때마다 후회는 계속 밀려들 것이다. 그 반면 행동하지 않은 일에 대한 후회는 다르다. 과감히 투자하지 못한 것이 후회되겠지만, 금방 잊을 수 있다. 내 자산에는 변동이 없기 때문에 소비할 때마다 투자하지 못한 일을 떠올리며 후회하지 않는다.

　　그런데 이 같은 결괏값은 동일한 시점에서 비교할 때만 그렇다. 시간이 흐르면 행동하지 않은 일에 대한 후회가 행동에 대한 후회를 역전하는 일이 생긴다. 특히 학업이나 일, 인간관계와 관련되었을 때 그렇다. 일을 하면서 대학원에 다닌다면 학업과 일을 병행하는 것이 버거워 그 당시에는 행동에 대한 후회가 클 수 있다. 하지만 대학원 진학을 포기하고 세월이 흘렀다고 가정해보자. 그때 공부하지 않았던 일을 떠올리며 크게 후회할지 모른다.

　　또 행동하지 않은 것에 대해 더 깊이 후회하는 경우는 첫사랑과 관련되었을 때다. 그렇다고 해서 모든 첫사랑이 다 그런 것은 아니다. 고백하지 못한 첫사랑만 그렇다. 행동으로 옮기지 못한 일에 대한 후회의 크기는 시간이 지날수록 커지기 때문에 고백 한 번 못 해 본 첫사랑을 평생 가슴에 담아두는 것이다. 그래서 생의 끝으로 갈수록 행동하지 않은 일에 대한 후회가 클 것이라고 예측할 수 있다.

이번에는 후회의 종류에 대해 살펴보자. 우리에게도 친숙한 저술가이자 미래학자인 대니얼 핑크Daniel Pink는 『후회의 재발견』에서 전 세계 2만 1,000여 명의 후회 사례를 수집하고 분석한 뒤 사람들이 가장 많이 느끼는 후회를 네 가지로 정리했다.

우선 첫 번째는 공부나 일, 운동 등 우리 삶의 안정적인 기반을 열심히 형성하지 않은 것에 대한 후회로, '기반성 후회foundation regrets'라고 한다. 두 번째는 '대담하게 실행하지 못한 것에 대한 후회boldness regrets'다. 첫사랑에게 고백하지 못한 것, 여행을 떠나지 못한 것, 회사를 그만두고 창업하지 못한 것 등이 여기에 해당된다. 세 번째는 '도덕적이지 못한 행동에 대한 후회moral regrets'다. 학창 시절 왕따를 주도했거나, 학교폭력에 가담한 것, 불륜을 저지른 것, 누군가를 속여서 이득을 취한 것과 같은 행동을 했을 때 발생하는 후회다. 이 후회는 다른 후회들에 비해 비율이 가장 낮았지만 표출 양상은 가장 다양했다. 마지막은 '관계성 후회connection regrets'다. 학창 시절 절친과 멀어진 것, 직장 동료와의 불편한 관계를 지속한 것, 가족과 충분한 시간을 보내지 못한 것 등이 이 후회에 속한다. 분석 결과 관계성 후회가 이 중에서 가장 큰 비율을 차지했다.

그렇다면 사람들은 어느 순간에 후회를 가장 크게 할까? 인생에서 유독 행복했던 때와 후회스러웠던 때가 있을까?

한 사람의 인생에서 가장 행복했던 경험들은 대개 10대 후반에서 20대 초반의 기억들이다. 브라운 아이즈의 〈벌써 일년〉을 이야기하면서도 언급한 '회고 절정'이다. 그래서 이 시기에 좋아했던 음악이나 영화, 예술가는 평생 가는 법이다. 뉴햄프셔대학교University of New Hampshire 심리학과 데이비드 필레머David Pillemer 교수 팀은 사람들이 나이가 들어 과거를 떠올릴 때 10대 중반부터 30세 이전까지의 시기를 가장 긍정적이고 행복했던 시기로 기억하고 30대 이후부터는 긍정적 기억이 점차 감소한다는 사실을 밝혀냈다.

그럼 후회는 어떨까? 예상하지 못한 부정적 사건에 대한 경험은 행복했던 시절과 겹쳤지만, 후회와 유사한 정서 경험은 31~45세 시기에 가장 많이 나타났다. 즉 인생을 돌아보면, 30대부터 40대 중반까지의 삶이 가장 후회스럽다. 후회의 유형과 표출 양상, 시기 등을 종합해보면, 사람들은 생이 끝나갈 때 30대에서 40대 중반의 기억을 떠올리며 관계에 대한 무행동 후회를 가장 크게 할 것이라 예측할 수 있다.

그렇다면 어떻게 해야 후회를 줄일 수 있을까? 후회를 대하는 데 가장 먼저 필요한 태도는 '자기 연민 self-compassion'이다. 자기 연민은 자기 자신에게 무조건적인 지지를 보내는 좋은 친구가 되는 것이다. 누구나 과거의 실패나 실수를 떠올리면 스스로 부끄럽고 바보 같았다고 생각한다. 이러한 자기비판은 비교적 자연스럽고 자동화된 심리적 반응이다. 그 반면에 자기 연민은 자신의 실수를 용서하고, 자신에게 실망했을 때 자기 자신을 돌보는 의도적인 노력이다.

사회심리학자이자 산타클라라대학교 리비 비즈니스스쿨Leavey School of Business at Santa Clara University 경영학과 후리아 자자이에리Hooria Jazaieri 교수의 연구에 따르면 지나친 자책은 행동을 변화시키는 데 전혀 도움이 되지 않는다. 오히려 후회로 인한 자책은 원하는 목표에서 멀어지게 만들기 쉽다. 자기비판이 심해지면 자신의 능력에 대한 믿음이 떨어져 목표에 도전하거나 성취하고자 하는 욕구도 사라지기 때문이다.

텍사스대학교 오스틴캠퍼스 심리학과 크리스틴 네프Kristin D. Neff 교수 팀은 실험에 참가한 사람들에게 먼저 인생에서 겪은 큰 후회의 사건들을 나열해달라고 했다. 그런 다음 참가자 중 일부에게는 자신의 장점과 긍정적인 면을 떠올린 뒤 자존감을 높일 수 있는 글을, 다른 사람들에게는 자기 연민의 글을 써달라고 했다. 그 결과 자기 연민으로 후회했던 경험을 다시 돌아본 그룹이 자신의 강점으로 후회했던 경험을 돌아본 그룹에 비해 행동을 바꿀 가능성이 더 컸다. 이 실험이 시사하는 바는 매우 크다. 후회스러운 일은 강점으로 덮는 것이 아니다. 후회를 통해 더 나은 존재가 되기 위해서는 가장 먼저 자기 자신을 위로하는 과정을 반드시 밟아야 한다.

또한 다른 사람에게 후회스러운 경험을 털어놓거나 글로 쓰는 것도 도움이 된다. 후회 경험을 언어로 바꾸는 순간, 불쾌한 정서를 인지적으로 통제할 수 있게 된다. 언어는 정서를 제대로 포착하고, 분석하고, 교정할 수 있도록 돕는다. 조직이라면 실수를 문서화하는 것으로 과거에 연연하지 않고 앞으로 나아갈 수 있는 도약점을 만들 수 있다.

심리적 거리 두기psychological distance도 필요하다. 후회 장면에서 심리적 거리는 관계적 거리와 시간적 거리 두기를 활용하는 것이 좋다. 먼저 관계적 거리는 후회되는 일을 자신의 문제가 아닌 다른 사람의 문제처럼 바라보는 것이다. 바둑 실력은 직접 바둑을 둘 때보다 훈수를 둘 때 더 빛나는 법이다. 자신의 문제라고 여기면 사소한 것에 얽매이기 쉽지만, 다른 사람의 문제라고 생각하면 객관적으로 전체 그림을 볼 수 있기 때문이다. 그다음은 시간적 거리 두기다. 현재 시점에서 큰 문제로 느껴지는 것도 시간이 지나면 자연스레 해결되기도 한다. 따라서 지금의 후회를 10년 뒤에는 어떻게 받아들일지 상상하는 것만으로도 후회의 감정을 상당 부분 통제할 수 있다.

앞서 이야기했듯이, 우리는 생이 끝나갈 때 30대에서 40대 중반의 기억을 떠올리며 관계에 대한 무행동 후회를 가장 크게 할 것이다. 지금 그 시기를 보내고 있다면 뻔히 하게 될 후회를 방치하지 말자. 그렇다고 지금 당장 관계를 개선하려는 시도를 시작하라고 말하는 것은 아니다. 후회를 대하는 첫 번째 태도는 자책이 아니라 자기 연민, 즉 자기 자신에게 가장 좋은 친구가 되어주는 것임을 기억하자.

그런 의미에서 스윗소로우의 〈작은 방〉은 큰 울림을 준다. "주저앉지 마 포기하지 마 이젠 누가 날 위로해줄까"라는 노랫말에 대한 답은 나 자신이다. 깊고 어두운 작은 방에 갇혀 꿈을 꾸며 현실을 외면하던 시절의 나를 '너 참 힘들었겠구나, 고생 많았다'라고 스스로 따뜻하게 위로하는 것이 우선이다. 자기 연민을 하는 사람들은 자신의 신체·심리적 상태에 더 많은 관심을 기울이기 때문에 스트레스 해소 능력도 향상

되고, 앞으로 닥칠 위기나 어려움을 극복할 에너지도 더 잘 비축할 수 있다. 그런 다음에 나이가 들어 후회할 것 같은 관계에 대해 지금 당장 자신의 과오를 고백하는 것이 필요하다. 우리는 그렇게 관계를 개선할 수 있다. 자기 자신을 위로한 것처럼, 자신이 상처를 준 누군가와 대화를 시작하는 것이다.

다른 종류의 후회도 마찬가지다. 기반성 후회나 대담하게 실행하지 못한 것에 대한 후회나 도덕적이지 못한 행동에 대한 후회 역시 미래 시점에서 자기 자신을 보고 '나이 든 나'가 '젊은 나'에게 조언하듯, 어떤 행동을 하면 좋을지 들려줄 필요가 있다. 이런 시각에서 보면 "작고 좁은 방의 나"에게, "길을 잃고 멈춰버린 나"에게, 위로를 줄 사람은 다른 사람이 아닌 '나 자신'이 되어야 한다.

♬ 스윗소로우 | 작은 방

○.

플레이리스트를 보면
그 사람을 알 수 있다

음악적 취향은 그 사람의 성격, 가치관 등 그 사람에 관한 다양한 정보를 알려준다. 물론 이에 대해서는 오랫동안 연구자들 사이에서 논쟁거리였다. 표본에 따라 결괏값이 달라졌고, 결괏값을 얻었다고 해도 성격과 음악 간의 인과관계를 과학적으로 규명하기 쉽지 않았다. 그러다가 음악 스트리밍 업체인 스포티파이Spotify의 연구원들과 심리학자, 음악학자, 사회과학자 들이 빅데이터를 기반으로 성격과 음악적 선호도의 관계성을 수면 위로 끌어올렸다.

2021년, 연구팀은 18세부터 75세까지 5,800명의 사용자들이 3개월간 들은 1,760만 곡의 노래와 이들의 성격 데이터를 함께 분석한 결과를 발표했다. 그 결과에 따르면 사용자들의 성격에 따라 즐겨 듣는 음악들이 확연히 달랐고, 음악적 취향과 성격의 상관관계는 생활공간이나 페이스북, 트위터 같은 SNS 사용 패턴을 통해 그 사람의 성격을 추측하는 것보다 정확성이 높았다. 그러니 알고 싶고 궁금한 사람이 있다면 그 사람의 플레이리스트를 들여다보는 것이 나을 수 있다.

우선 연구팀은 실험 참가자들에게 설문지를 돌려 그들의 성격 유형을 파악했다. 성격심리학자들은 사람들이 성격을 표현할 때 쓰는 언어를 연구해 사람들마다 서로 다른 성격 특성을 설명할 수 있는 다섯 가지 요인을 밝혀냈고, 이를 '성격 5요인Five Factor Model'이라고 명명했다. 성격 5요인을 간단히 설명하면 다음과 같다.

• 경험에 대한 개방성openness to experience: 새로운 생

각, 새로운 상호작용, 새로운 환경을 수용하는 성향.
창의성과 밀접한 관련이 있으며 예술과 문화에 흥
미가 있고 새로운 것을 시도하는 데 거부감이 낮다.

- 성실성conscientiousness: 체계적이고, 질서 있고,
조심성 있고, 목적의식이 분명하고, 충동적이지 않
으며 자제력이 강한 성향. 학업이나 직업에서 성
취도가 높으며 건강하고 장수할 확률도 높다.

- 외향성extraversion: 사교적이고, 자기주장이 강하
고, 적극적이고, 말이 많고, 정열적인 성향. 긍정적
감정, 삶의 만족도, 사람들과 어울려야 하는 분야에
서 내향형에 비해 우세하며 직접적이고 단순하며
구체적인 언어를 사용하는 편이다.

- 친화성agreeableness: 타인에게 협조적이고, 도움을
주고, 공감을 잘하는 성향. 원만성이 높으면 장기
적으로 좋은 관계를 맺는 것을 선호하고, 원만성이
낮으면 경쟁적인 환경을 선호한다.

- 신경성neuroticism: 정서적으로 불안정하고 감정
적이며 신경질적으로 반응하는 성향. 주변 환경의

부정적 신호에 민감하게 반응해 쉽게 불안해하고 우울해할 뿐 아니라 수면장애, 만성 스트레스나 육체적 질병을 겪을 위험성이 높다.

이러한 성격검사는 국가기관이나 공신력 있는 기관에서 정식으로 받는 것이 제일 좋지만 다소 정확성은 떨어져도 약식으로 해볼 수는 있다. 다음 각 단어가 자신을 어느 정도 잘 표현하는지 살펴보고 오른쪽 빈칸에 그에 따른 점수를 써넣어보자.

> 전혀 아니다 (1)　다소 그렇지 않다 (2)　보통이다 (3)
> 다소 그렇다 (4)　전적으로 그렇다 (5)

1 상상력이 풍부한		2 정돈된	
6 지적인		7 철저한	
11 창의적인		12 효과적인	
16 통찰력 있는		17 책임감 있는	
21 재치 있는		22 실용적인	
점수 합산		점수 합산	

3 수다스러운		4 인정 많은	
8 독단적인		9 친절한	
13 활동적인		14 관대한	
18 열정 넘치는		19 따뜻한	
23 외향적인		24 상냥한	
점수 합산		점수 합산	

5 긴장된	
10 걱정이 많은	
15 신경질적인	
20 불안한	
25 우울한	
점수 합산	

출처: 아주대학교 심리학과 산업
및조직심리연구실

점수 산출법은 다음과 같다.

1+6+11+16+21=경험에 대한 개방성(O)

2+7+12+17+22=성실성(C)

3+8+13+18+23=외향성(E)

4+9+14+19+24=친화성(A)

5+10+15+20+25=신경성(N)

계산한 점수와 다음 표를 참고하면 자신의 성격 특성 요인을 다른 사람과 비교할 수 있다.

성격 요인	성별	낮음	평균	높음
경험에 대한 개방성(O)	여성	18 이하	20	21 이상
	남성	18 이하	21	22 이상
성실성(C)	여성	19 이하	21	23 이상
	남성	17 이하	19	21 이상
외향성(E)	여성	17 이하	20	22 이상
	남성	16 이하	19	22 이상
친화성(A)	여성	21 이하	23	24 이상
	남성	17 이하	19	21 이상
신경성(N)	여성	16 이하	19	22 이상
	남성	13 이하	17	20 이상

경험에 대한 개방성이 높은 사람들은 강렬하고 반항적인 헤비메탈이나 록에 대한 선호가 뚜렷했다. 또한 이들은 다양한 음악 스타일을 선호했는데 클래식과 블루스, 재즈 같은 음악을 들으며 자기 성찰의 시

간을 보내는 것을 좋아했고, 슬픈 음악을 들을 때는 감정이입의 절정을 달렸다.

　　성실성이 높은 사람들은 목표 지향적으로 음악을 선택하는 경향을 보였다. 이들은 공부에 집중할 때와 운동할 때 각각 어울리는 음악을 찾았고 그에 맞는 추천 음악을 듣는 것을 선호했다. 이들은 록이나 헤비메탈을 듣는 것을 불편해했고, 편하게 들을 수 있는 대중적인 음악을 좋아했다.

　　외향성이 높은 사람들은 랩, 힙합, 소울, 팝, 일렉트로닉, 댄스음악과 같이 활기차고 리드미컬한 음악과 즐겁고 낙관적인 노랫말, 그리고 밝은 목소리의 가수를 좋아했다. 이들은 운동을 하거나 친구들과 함께 있을 때, 또 공부를 할 때도 항상 음악을 즐겨 찾았다. 그런 의미에서 '음악은 내 인생Music is my life'이라는 모토는 외향성이 높은 사람들에게 어울린다고 할 수 있다. 실제로 음악 교사들은 다른 교과목 교사들에 비해 외향성 점수가 높았다. 반대로 외향성이 낮은 사람은 대화든 공부든 집중해야 하는 순간에 음악과 함께하는 것을 꺼렸다.

친화성이 높은 사람은 편안하고 이완된 템포의 음악을 듣는 것을 좋아했다. 이들은 한 번도 들어본 적 없는 음악을 들을 때 다소 불편한 감정을 느꼈다. 또한 다른 성격 특성에 비해 긍정적인 정서를 유발하는 음악을 들을 때는 긍정 반응을, 우울하거나 슬픈 정서를 유발하는 음악을 들을 때는 부정 반응을 강하게 드러냈다.

신경성이 높은 사람은 경험에 대한 개방성이 높은 사람과 마찬가지로 강렬하고 반항적인 록이나 헤비메탈을 주로 들었다. 이들은 특히 분노나 우울, 짜증과 같은 부정적 정서를 경험할 때 자신의 감정을 다스리기 위해 음악을 듣는 경향이 뚜렷했다. 볼륨을 끝까지 올리고 헤비메탈의 강렬한 사운드를 좋아한다면 신경성이라는 성격적 특성에 따른 반응일 가능성이 높다.

음악은 또 때로는 그 사람의 가치관을 드러낸다. 보수적인 사람은 랩, 힙합, 인디음악보다 올드팝과 같은 전통적인 스타일의 멜로디를 선호한다. '정직'을 생활신조로 삼는 사람이라면 최신 음악보다는 올드팝에 끌릴 가능성이 높다. SBS 드라마 시리즈인 〈낭만닥터 김사부〉의 김사부는 제자가 준 올드팝을 모은 카세트테이프를 즐겨 듣는 인물로 설정되었다. 작가적 상상의 산물이지만 겉으로는 까칠해 보여도 내면의 친화성을 엿보게 하는 꽤 적절한 묘사라 할 수 있다. 반대로 자신의 가치관을 보여주기 위해 음악을 이용할 때도 있다. 일례로 고 노무현 전 대통령은 김민기의 〈상록수〉를 즐겨 불렀다. 또한 상대방의 가치관이나 정치적 성향에 맞는 노래를 부르면 상대방의 호감을 얻는 데도 용이하다. 국빈 자격으로 미국을 방문한 윤석열 대통령이 돈 매클레인Don McLean의 〈American Pie〉를 부른 것도 이러한 맥락에서였을 것이다.

우리는 노래를 통해 자신의 모습을 발견할 수도 있고 자신의 모습을 드러낼 수도 있다. 그러니 나 자신조차도 미처 알지 못했던 나의 모습이 궁금하다면 플레이리스트를 확인해보자. 내 마음을 완벽하게 대변하는 노래가 들어 있을 것이다. 또 나의 마음을 누군가에게 전하고 싶을 때도 노래를 활용해보자. 대화가 없더라도 노래를 통해 교감을 나눌 수 있을 것이다.

참고 문헌

단행본

대니얼 핑크, 김명철 옮김, 『후회의 재발견』, 한국경제신문, 2022.

대니얼 길버트, 최인철·김미정·서은국 옮김, 『행복에 걸려 비틀 거리다』, 김영사, 2006.

아비지트 배너지·에스테르 뒤플로, 이순희 옮김, 『가난한 사람 이 더 합리적이다』, 생각연구소, 2012.

해리 G. 프랭크퍼트, 이윤 옮김, 『개소리에 대하여』, 필로소픽, 2016.

Baumeister, R. F., & Tierney, J., 『Willpower: Rediscovering the Greatest Human Strength』, London: Penguin Press, 2012.

Keys, A., Brožek, J., Henschel, A., Mickelsen, O., & Taylor, H. L., 『The biology of human starvation(2 Vols)』, Minneapolis, Minnesota: Univ Of Minnesota Press, 1950.

Meumann, E., 『Untersuchungen zur psychologie und ästhetik des rhythmus』, Leipzig: Engelmann, 1894.

Parkinson, C. N., & Lancaster, O., 『Parkinson's Law: or the Pursuit of Progress』, London: John Murray General Publishing Division, 1957.

Pope, E., 『Look Up: Technology's Impact on Attention, Connection, and Creativity』, NC: Appalachian State University, 2018.

Thaut, M., 『Rhythm, music, and the brain: Scientific foundations and clinical applications』, New York: Taylor & Francis, 2013.

Todorov, A., 『Face Value: The Irresistible Influence of First Impressions』, Princeton: Princeton University Press, 2017.

학술지

Ackerman, J. M., Shapiro, J. R., Neuberg, S. L., Kenrick, D. T., Becker, D. V., Griskevicius, V., & Schaller, M., "They all look the same to me(unless they're angry): from out-group homogeneity to out-group heterogeneity", *Psychological Science*, 17(10), 2006, pp. 836-840.

Allen, M. A., & Fischer, G. J., "Ambient temperature effects on paired associate learning", *Ergonomics*, 21(2), 1978, pp. 95-101.

Anderson, I., Gil, S., Gibson, C., Wolf, S., Shapiro, W., Semerci, O., & Greenberg, D. M. "Just the way you are": Linking music listening on Spotify and personality, *Social Psychological and Personality Science*, 12(4), 2021, pp. 561-572.

Aragón, O., "I Couldn'T Help But to Cry!""I Couldn'T Help But to Yell "Yes!"" Dimorphous Expressions Inform Consumers of Users' Motivational Orientations, 2016, *ACR North American Advances*.

Aragón, O. R., Clark, M. S., Dyer, R. L., & Bargh, J. A., "Dimorphous expressions of positive emotion: Displays of both care and aggression in response to cute stimuli", *Psychological Science*, 26(3), 2015, pp. 259-273.

Ariely, D., & Wertenbroch, K., "Procrastination, deadlines, and performance: Self-control by precommitment", *Psychological Science*, 13(3), 2002, pp. 219-224.

Arntz, A., Van Eck, M., & de Jong, P. J., "Unpredictable sudden increases in intensity of pain and acquired fear", *Journal of Psychophysiology*, 6(1), 1992, pp. 54-64.

Asch, S. E., "The doctrine of suggestion, prestige and imitation in social psychology", *Psychological Review*, 55(5), 1948, p. 250.

Baddeley, A., "Working memory", *Science*, 255(5044), 1992, 556-559.

Bar, M., & Neta, M., "Humans prefer curved visual objects", *Psychological Science*, 17(8), 2006, pp. 645-648.

Baumeister, R. F., Bratslavsky, E., Finkenauer, C., & Vohs, K. D., "Bad is stronger than good", *Review of General Psychology*, 5(4), 2001, pp. 323-370.

Behler, A. M. C., Wall, C. S., Bos, A., & Green, J. D., "To help or to harm? Assessing the impact of envy on prosocial and antisocial behaviors", *Personality and Social Psychology Bulletin*, 46(7), 2020, pp. 1156-1168.

Bradley, F. H., "Why do we remember forwards and not backwards?", *Mind*, 12(48), 1887, pp. 579-582.

Bruner, J. S., & Goodman, C. C., "Value and need as organizing factors in perception", *The Journal of Abnormal and Social Psychology*, 42(1), pp.1947, p. 33.

Bryan, C. J., Adams, G. S., & Monin, B., "When cheating would make you a cheater: implicating the self prevents unethical behavior", *Journal of Experimental Psychology: General*, 142(4), 2013, p. 1001.

Bushman, B. J., Bonacci, A. M., Pedersen, W. C., Vasquez, E. A., & Miller, N., "Chewing on it can chew you up: effects of rumination on triggered displaced aggression", *Journal of Personality and Social Psychology*, 88(6), 2005, p. 969.

Casey, B. J., Somerville, L. H., Gotlib, I. H., Ayduk, O., Franklin, N. T., Askren, M. K., ... & Shoda, Y., "Behavioral and neural correlates of delay of gratification 40 years later", *Proceedings of the National Academy of Sciences*, 108(36), 2011, pp. 14998-15003.

Cooper, M. L., Russell, M., Skinner, J. B., Frone, M. R., & Mudar, P., "Stress and alcohol use: moderating effects of gender, coping, and alcohol expectancies", *Journal of Abnormal Psychology,* 101(1), 1992, p. 139.

DeWall, C. N., MacDonald, G., Webster, G. D., Masten, C. L., Baumeister, R. F., Powell, C., ... & Eisenberger, N. I., "Acetaminophen reduces social pain: Behavioral and neural evidence", *Psychological Science*, 21(7), 2010, pp. 931-937.

Dickson, R. A., Pillemer, D. B., & Bruehl, E. C., "The reminiscence bump for salient personal memories: Is a cultural life script required?", *Memory & Cognition*, 39(6), 2011, pp. 977-991.

Diener, E., Sandvik, E., & Pavot, W., "Happiness is the frequency, not the intensity, of positive versus negative affect", In *Assessing well-being: The collected works of Ed Diener*, 2009, pp. 213-231.

Dodds, P. S., Clark, E. M., Desu, S., Frank, M. R., Reagan, A. J., Williams, J. R., ... & Danforth, C. M., "Human language reveals a universal positivity bias", *Proceedings of the National Academy of Sciences*, 112(8), 2015, pp. 2389-2394.

Eisenberger, N. I., Lieberman, M. D., & Williams, K. D., "Does rejection hurt? An fMRI study of social exclusion", *Science*, 302(5643), 2003, pp. 290-292.

Ellsberg, D., "Risk, ambiguity, and the Savage axioms", The Quarterly *Journal of Economics*, 75(4), 1961, pp. 643-669.

Fisman, R., Iyengar, S. S., Kamenica, E., & Simonson, I., "Gender differences in mate selection: Evidence from a speed dating experiment", *The Quarterly Journal of Economics*, 121(2), 2006, pp. 673-697.

Ghitza, Y., Gelman, A., & Auerbach, J., "The great society, Reagan's revolution, and generations of presidential voting", *American Journal of Political Science*, 2014.

Giancola, P. R., & Corman, M. D., "Alcohol and aggression: A test of the attention-allocation model", *Psychological Science*, 18(7), 2007, pp. 649-655.

Gilovich, T., Vallone, R., & Tversky, A., "The hot hand in basketball: On the misperception of random sequences", *Cognitive Psychology*, 17(3), 1985, pp. 295-314.

Godden, D. R., & Baddeley, A. D., "Contextdependent memory in two natural environments: On land and underwater", *British Journal of Psychology*, 66(3), 1975, pp. 325-331.

Goldy, S. P., Jones, N. M., & Piff, P. K., "The social effects of an awesome solar eclipse", *Psychological Science*, 33(9), 2022, pp. 1452-1462.

Gosling, S. D., Ko, S. J., Mannarelli, T., & Morris, M. E., "A room with a cue: personality judgments based on offices and bedrooms", *Journal of Personality and Social Psychology*, 82(3), pp. 2002, 379.

Grusec, J. E., "Socialization processes in the family: Social and emotional development", *Annual Review of Psychology*, 62, 2011, pp. 243-269.

Havas, D. A., Glenberg, A. M., Gutowski, K. A., Lucarelli, M. J., & Davidson, R. J., "Cosmetic use of botulinum toxin-A affects processing of emotional language", *Psychological Science*, 21(7), 2010, pp. 895-900.

Heisz, J. J., Pottruff, M. M., & Shore, D. I., "Females scan more than males: A potential mechanism for sex differences in recognition memory", *Psychological Science*, 24(7), 2013, pp. 1157-1163.

Herman, B. H., & Panksepp, J., "Effects of morphine and naloxone on separation distress and approach attachment: Evidence for opiate mediation of social affect", *Pharmacology Biochemistry and Behavior*, 9(2), 1978, pp. 213-220.

Hershfield, H. E., Goldstein, D. G., Sharpe, W. F., Fox, J., Yeykelis, L., Carstensen, L. L., & Bailenson, J. N., "Increasing saving behavior through age-progressed renderings of the future self", *Journal of Marketing Research*, 48(SPL), 2011, S23-S37.

Huang, J. Y., & Bargh, J. A., "Peak of desire: Activating the mating goal changes life-stage preferences across living kinds", *Psychological Science*, 19(6), 2008, pp. 573-578.

Hull, J. G., Levenson, R. W., Young, R. D., & Sher, K. J., "Self-awareness-reducing effects of alcohol consumption", *Journal of Personality and Social Psychology*, 44(3), 1983, p. 461.

Iyengar, S. S., & Lepper, M. R., "When choice is demotivating: Can one desire too much of a good thing?", *Journal of Personality and Social Psychology*, 79(6), 2000, p. 995.

Janssen, S. M., Chessa, A. G., & Murre, J. M., "Memory for time: How people date events", *Memory & Cognition*, 34(1), 2006, pp. 138-147.

Janssen, S., Chessa, A., & Murre, J., "The reminiscence bump in autobiographical memory: Effects of age, gender, education, and culture", *Memory*, 13(6), 2005, pp. 658-668.

Jazaieri, H., Jinpa, G. T., McGonigal, K., Rosenberg, E. L., Finkelstein, J., Simon-Thomas, E., ... & Goldin, P. R., "Enhancing compassion: A randomized controlled trial of a compassion cultivation training program", *Journal of Happiness Studies*, 14, 2013, pp. 1113-1126.

Johansson, P., Hall, L., Sikstrom, S., & Olsson, A., "Failure to detect mismatches between intention and outcome in a simple decision task", *Science*, 310(5745), 2005, pp. 116-119.

Keller, M. C., Fredrickson, B. L., Ybarra, O., Côté, S., Johnson, K., Mikels, J., ... & Wager, T., "A warm heart and a clear head: The contingent effects of weather on mood and cognition", *Psychological Science*, 16(9), 2005, pp. 724-731.

Kidd, C., Palmeri, H., & Aslin, R. N., "Rational snacking: Young children's decision-making on the marshmallow task is moderated by beliefs about environmental reliability", *Cognition*, 126(1), 2013, pp. 109-114.

Kita, S., Alibali, M. W., & Chu, M., "How do gestures influence thinking and speaking? The gesture-for-conceptualization hypothesis", *Psychological Review*, 124(3), 2017, p. 245.

Koehler, J. J., & Conley, C. A., "The "hot hand" myth in professional basketball", *Journal of Sport and Exercise Psychology*, 25(2), 2003, pp. 253-259.

Koudenburg, N., Postmes, T., & Gordijn, E. H., "If they were to vote, they would vote for us", *Psychological Science*, 22(12), 2011, pp. 1506-1510.

Lee, J. J., Gino, F., & Staats, B. R., "Rainmakers: Why bad weather means good productivity", *Journal of Applied Psychology*, 99(3), 2014, p. 504.

Lee, S. W., & Schwarz, N., "Dirty hands and dirty mouths: Embodiment of the moral-purity metaphor is specific to the motor modality involved in moral transgression", *Psychological Science*, 21(10), 2010, pp. 1423-1425.

Leroy, S., Schmidt, A. M., & Madjar, N., "Working from home during COVID-19: A study of the interruption landscape", *Journal of Applied Psychology*, 106(10), 2021, p. 1448.

McGurk, H., & MacDonald, J., "Hearing lips and seeing voices", *Nature*, 264(5588), 1976, pp. 746-748.

Mischel, W., "Toward a cognitive social learning reconceptualization of personality", *Psychological Review*, 1973, 80(4), p. 252.

Neal, D. T., Wood, W., Labrecque, J. S., & Lally, P., "How do habits guide behavior? Perceived and actual triggers of habits in daily life", *Journal of Experimental Social Psychology*, 48(2), 2012, pp. 492-498.

Neff, K. D., "Selfcompassion, selfesteem, and wellbeing", *Social and Personality Psychology Compass*, 5(1), 2011, pp. 1-12.

North, A. C., Hargreaves, D. J., & McKendrick, J., "The influence of in-store music on wine selections", *Journal of Applied Psychology*, 84(2), 1999, p. 271.

Petrie, K. J., Booth, R. J., & Pennebaker, J. W., "The immunological effects of thought suppression", *Journal of Personality and Social Psychology*, 75(5), 1998, p. 1264.

Phu, B., & Gow, A. J., "Facebook use and its association with subjective happiness and loneliness", *Computers in Human Behavior*, 92, 2019, pp. 151-159.

Pronin, E., "The introspection illusion", *Advances in Experimental Social Psychology*, 41, 2009, pp. 1-67.

Pronin, E., & Kugler, M. B., "Valuing thoughts, ignoring behavior: The introspection illusion as a source of the bias blind spot", *Journal of Experimental Social Psychology*, 43(4), 2007, pp. 565-578.

Quoidbach, J., Dunn, E. W., Petrides, K. V., & Mikolajczak, M., "Money giveth, money taketh away: The dual effect of wealth on happiness", *Psychological Science*, 21(6), 2010, pp. 759-763.

Radel, R., & Clément-Guillotin, C., "Evidence of motivational influences in early visual perception: Hunger modulates conscious access", *Psychological Science*, 23(3), 2012, pp. 232-234.

Roese, N. J., & Summerville, A., "What we regret most... and why", *Personality and Social Psychology Bulletin*, 31(9), 2005, pp. 1273-1285.

Ross, L., Greene, D., & House, P., "The "false consensus effect": An egocentric bias in social perception and attribution processes", *Journal of Experimental Social Psychology*, 13(3), 1977, pp. 279-301.

Rozin, P., & Neneroff, C., "Sympathetic Magical Thinking: The Contagion and Similarity 'Heuristics'" *In Heuristics and Biases: The Psychology of Intuitive Judgment*, 2002.

Rusbult, C. E., "Commitment and satisfaction in romantic associations: A test of the investment model", *Journal of Experimental Social Psychology*, 16(2), 1980, pp. 172-186.

Safer, M. A., Levine, L. J., & Drapalski, A. L., "Distortion in memory for emotions: The contributions of personality and post-event knowledge", *Personality and Social Psychology Bulletin*, 28(11), 2002, pp. 1495-1507.

Scheibehenne, B., Greifeneder, R., & Todd, P. M., "Can there ever be too many options? A meta-analytic review of choice overload", *Journal of Consumer Research*, 37(3), 2010, pp. 409-425.

Schrauf, R. W., & Rubin, D. C., "Bilingual autobiographical memory in older adult immigrants: A test of cognitive explanations of the reminiscence bump and the linguistic encoding of memories", *Journal of Memory and Language*, 39(3), 1998, pp. 437-457.

Shermer, M., "Patternicity: Finding meaningful patterns in meaningless noise", *Scientific American*, 299(5), 2008, p. 48.

Sinclair, R. C., Mark, M. M., & Clore, G. L., "Moodrelated persuasion depends on (mis) attributions", *Social Cognition*, 12(4), 1994, pp. 309-326.

Slatcher, R. B., & Pennebaker, J. W., "How do I love thee? Let me count the words: The social effects of expressive writing", *Psychological Science*, 17(8), 2006, pp. 660-664.

Slovic, P., Finucane, M. L., Peters, E., & MacGregor, D. G., "The affect heuristic", *European Journal of Operational Research*, 177(3), 2007, pp. 1333-1352.

Smith, S. M., & Vela, E., "Environmental context-dependent memory: A review and meta-analysis", *Psychonomic Bulletin & Review*, 8, 2001, pp. 203-220.

Smyth, J. M., Stone, A. A., Hurewitz, A., & Kaell, A., "Effects of writing about stressful experiences on symptom reduction in patients with asthma or rheumatoid arthritis: A randomized trial", *Jama*, 281(14), 1999, pp. 1304-1309.

Tamam, S., & Ahmad, A. H., "Love as a Modulator of Pain", *The Malaysian Journal of Medical Sciences: MJMS*, 24(3), 2017, pp. 5-14.

Taylor, S. E., & Brown, J. D., "Positive illusions and well-being revisited: separating fact from fiction", *Psychological Bulletin*, 1994.

Thaut, M. H., McIntosh, G. C., Rice, R. R., Miller, R. A., Rathbun, J., & Brault, J. M., "Rhythmic auditory stimulation in gait training for Parkinson's disease patients", *Movement Disorders: Official Journal of the Movement Disorder Society*, 11(2), 1996, pp. 193-200.

Tromholt, M., "The Facebook experiment: Quitting Facebook leads to higher levels of wellbeing", *Cyberpsychology, Behavior, and Social Networking*, 19(11), 2016, pp. 661-666.

Trope, Y., & Liberman, N., "Construallevel theory of psychological distance". *Psychological Review*, 117(2), 2010, p. 440.

Turpin, M. H., Kara-Yakoubian, M., Walker, A. C., Walker, H. E., Fugelsang, J. A., & Stolz, J. A., "Bullshit ability as an honest signal of intelligence", *Evolutionary Psychology*, 19(2), 2021, 14747049211000317.

Turpin, M. H., Walker, A. C., Kara-Yakoubian, M., Gabert, N. N., Fugelsang, J. A., & Stolz, J. A., "Bullshit makes the art grow profounder", *Judgment and Decision Making*, 14(6), 2019, pp. 658-670.

Van Boven, L., Kane, J., McGraw, A. P., & Dale, J., "Feeling close: emotional intensity reduces perceived psychological distance", *Journal of Personality and Social Psychology*, 98(6), 2010, pp. 872-885.

Vohs, K. D., Baumeister, R. F., Schmeichel, B. J., Twenge, J. M., Nelson, N. M., & Tice, D. M., "Making choices impairs subsequent self-control: a limited-resource account of decision making, self-regulation, and active initiative", in *Self-Regulation and Self-Control*, 2014.

Vohs, K. D., Mead, N. L., & Goode, M. R., "The psychological consequences of money", *Science*, 314(5802), 2006, pp. 1154-1156.

Ward, A., & Brenner, L., "Accentuate the negative: The positive effects of negative acknowledgment", *Psychological Science*, 17(11), 2006, pp. 959-962.

Watkins, P. C., "Implicit memory bias in depression", *Cognition & Emotion*, 16(3), 2002, pp. 381-402.

Wegner, D. M., & Erber, R., "The Hyperaccessibility of suppressed thoughts", *Journal of Personality and Social Psychology*, 63(6), 1992, p. 903.

Wegner, D. M., Schneider, D. J., Carter, S. R., & White, T. L., "Paradoxical effects of thought suppression", *Journal of Personality and Social Psychology*, 53(1), 1987, p. 5.

White, J. B., Schmitt, M. T., & Langer, E. J., "Horizontal hostility: Multiple minority groups and differentiation from the mainstream", *Group Processes & Intergroup Relations*, 9(3), 2006, pp. 339-358.

Willis, J., & Todorov, A., "First impressions: Making up your mind after a 100ms exposure to a face", *Psychological Science*, 17(7), 2006, pp. 592-598.

Wilson, T. D., & Schooler, J. W., "Thinking too much: introspection can reduce the quality of preferences and decisions", *Journal of Personality and Social Psychology*, 60(2), 1991, p. 181.

Winkielman, P., & Zajonc & Norbert Schwarz, R. B., "Subliminal affective priming resists attributional interventions", *Cognition & Emotion*, 11(4), 1997, pp. 433-465.

Witthoft, N., & Winawer, J., "Learning, memory, and synesthesia", *Psychological Science*, 24(3), 2013, pp. 258-265.

Wohl, M. J., Hornsey, M. J., & Bennett, S. H., "Why group apologies succeed and fail: Intergroup forgiveness and the role of primary and secondary emotions", *Journal of Personality and Social Psychology*, 102(2), 2012, p. 306.

Yarosh, D. B., "Perception and deception: human beauty and the brain", *Behavioral Sciences*, 9(4), 2019, p. 34.

Yanaoka, K., Michaelson, L. E., Guild, R. M., Dostart, G., Yonehiro, J., Saito, S., & Munakata, Y., "Cultures Crossing: The Power of Habit in Delaying Gratification", *Psychological Science*, 2022.

Zhang, Y., Liao, Q. V., & Srivastava, B., "Towards an optimal dialog strategy for information retrieval using both open-and close-ended questions" In *IUI'18: 23rd International Conference on Intelligent User Interfaces*, 2018, pp. 365-369.

웹사이트

- http://www.mrc-cbu.cam.ac.uk/people/matt.davis/cmabridge/
- https://maristpoll.marist.edu/search-survey-questions/?keyword=super+powers
- https://www.cnbc.com/id/48676703
- https://www.nytimes.com/2014/04/20/opinion/sunday/they-hook-you-when-youre-young.html

음악은 어떻게
우리의 감정을
자극하는가
ⓒ 박진우, 2023

초판 1쇄 2023년 6월 26일 찍음
초판 1쇄 2023년 7월 3일 펴냄

지은이 | 박진우
펴낸이 | 강준우
기획 · 편집 | 박상문, 김슬기
디자인 | 최진영
마케팅 | 이태준
인쇄 · 제본 | (주)삼신문화

펴낸곳 | 인물과사상사
출판등록 | 제17-204호 1998년 3월 11일

주소 | (04037) 서울시 마포구 양화로7길 6-16 서교제일빌딩 3층
전화 | 02-325-6364
팩스 | 02-474-1413

www.inmul.co.kr | insa@inmul.co.kr

ISBN 978-89-5906-699-5 03180

값 17,000원